谨以此书献给那些即使面临重重困难，仍不断开展教学创新和教学研究的老师们！

魏志慧

上海开放大学学术专著出版基金资助

“互联网+”时代高校教师教学知识发展研究

魏志慧 著

人民邮电出版社
北京

图书在版编目（CIP）数据

“互联网+”时代高校教师教学知识发展研究 / 魏志慧著. -- 北京 : 人民邮电出版社, 2022.1
ISBN 978-7-115-58491-5

Ⅰ. ①互… Ⅱ. ①魏… Ⅲ. ①高等学校－教师－教学能力－能力培养－研究 Ⅳ. ①G645.12

中国版本图书馆CIP数据核字(2022)第019585号

内 容 提 要

“互联网+”时代，每位高校教师都面临如何有效整合信息技术、发展教学知识的现实问题。因此，本书扎根我国本土实践，结合教师实践性知识、学科教学知识、整合技术的学科教学知识（TPACK）等教师专业发展理论，开创性地将 TPACK 知识成分和构成要素两种研究路径相结合，深化了对 TPACK 内涵和价值的认识，并基于翔实的案例建构高校教师 TPACK 发展路径和发展机制，揭示了“互联网+”时代高校教师 TPACK 发展的复杂性和多样性。

本书可帮助教育研究者增进对 TPACK 内涵、价值和发展的认识；帮助高校教师有效地应对“互联网+”时代高等教育发展的要求，建构系统化 TPACK；帮助高校教务管理部门、教学发展中心为整合信息技术的教学创新提供系统化、专业化支持。

◆ 著　　　　魏志慧
责任编辑　牟桂玲
责任印制　胡　南

◆ 人民邮电出版社出版发行　　北京市丰台区成寿寺路 11 号
邮编　100164　　电子邮件　315@ptpress.com.cn
网址　https://www.ptpress.com.cn
涿州市京南印刷厂印刷

◆ 开本：700×1000　1/16
印张：14.5　　2022 年 1 月第 1 版
字数：209 千字　　2022 年 1 月河北第 1 次印刷

定价：69.90 元

读者服务热线：(010)81055410　印装质量热线：(010)81055316
反盗版热线：(010)81055315
广告经营许可证：京东市监广登字 20170147 号

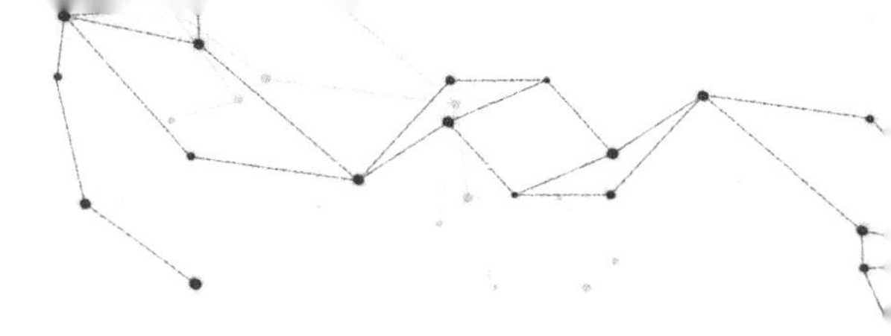

推荐序

本书揭示了慕课教学中高校教师教学知识发展的核心驱动因素和发展途径的多样性，对读者理解高校教师利用网络学习空间开展教学创新的态度、过程和挑战具有重要的参考价值，也是基于扎根理论的质性研究的典型范例。

——陈丽

北京师范大学教授、博士生导师

互联网教育智能技术与应用国家工程研究中心技术委员会主任

北京师范大学基础教育大数据研究院院长

人工智能时代，每位高校教师都面临着如何有效整合信息技术、学科前沿知识和学科教学经验并发展教学学术这一严峻挑战，而这一重大课题在国内尚未引起足够的关注。我的博士生魏志慧女士怀着学术的热忱和执着的追求，以TPACK（整合技术的学科教学知识）理论为切入点，深入探讨了高校教师在慕课建设过程中融入了技术的教学能力的形成机制，丰富了高校教师专业发展的理性认知和实践探索。相信本书对高校教学管理部门的管理工作和教师自身发展均富有启发性。

——黄健

华东师范大学教育学部教授、博士生导师

华东师范大学高级管理者发展与培训中心主任

一直以来，大家都认为信息技术将以“技术”的形态改变教学，所以将信息技术融入课堂教学成为很长一段时间大家共同的努力，非常遗憾的是“教学技术”的丰富，似乎并没有带来“教学品质”的提升，反倒是让教师们对信息技术本身更加懊恼。魏志慧博士在本书中沿袭舒尔曼教授提出的PCK（学科教学知识）的知识路径，采用质性研究和案例研究的方式来推进TAPCK的研究，为我们通过信息技术来转化教学知识提供了清晰的要素和可行的路径，从而让学生对所学知识在情感上更加亲切，在理解上更加深刻，在表达上更加生动。从外在于自身的技术获得路径，到内在于自身的知识重构路径，会让高校教师不再觉得教学只是一种工匠活，更是一门实实在在的教学学术活动，相信借助于这本书，能够让我们很好地完成这个转变，帮助高校教师处理好教学技术与内容、读书与教书、学术与育人的关系。

——周彬

华东师范大学教师教育学院教授、博士生导师、院长

本书用细腻入微的质性研究，透过严密的逻辑和严谨的论证，通过对20多位慕课教师的深度访谈和3位教师的案例研究，揭开了数字时代教师知识发展的“秘密”。这是一本不可多得的一线教师和教师教育研究者都会喜欢的好书。

—— 焦建利

华南师范大学教育信息技术学院教授、博士生导师

华南师范大学未来教育研究中心主任

志慧是我远在上海的“闺蜜”和合作人。从在上海交通大学见面开始，我们俩就一直在携手成长。岁月如梭，多年以后，我们依然在学术领域前进且不改初心。她是最让我佩服的女性之一，一边积极发展着《开放教育研究》，一边认真地读博、写论文。在这个技术飞速发展的时代里，高校教师的职业发展始终是一个研究热点。虽然很多高校在制作慕课，系统性的研究却非常少。志

慧的这本书及时地弥补了这一空缺，并对 TPACK 模型在互联网时代的应用做了深入的研究。这是一本既创新又接地气的书，一定会给广大的研究者和实践者都带来诸多启发。

——王敏娟

美国圣地亚哥州立大学学习设计与技术系教授

高校教师醉心于探索世界万物的奥秘，然而，很多时候唯独忽略了对自身的研究。在当前“互联网 +”背景下，高等教育正面临重大教学范式的转型，如何认识、理解高校教师教学知识发展的特点及其需求亟待研究。本书以 TPACK 为分析框架，对高校教师的慕课教学过程进行了深入分析和探讨，其结论一定程度上填补了我国高校教师研究的空白，更为高校教师教学发展实践提供诸多有意义的参考。作为从 2012 年起就参与教师教学发展一线工作的教师，我非常欣喜地期待该书的出版。

——丁妍

复旦大学高等教育研究所副研究员

复旦大学教师教学发展中心副主任

与魏志慧博士结缘于慕课，她的远程开放教育情怀和对学术研究的执着精神令人印象深刻。该书对新时代教师知识发展研究领域有重要的贡献和较强的指引作用。读完这本书，特别激动！我从事在线教育近 20 年，一直在寻找这种环境下教师专业发展的“密码”，这本书让人眼前一亮，迫不及待地推荐给老师们。

——韩艳辉

国家开放大学副教授

北京市高等学校教学名师

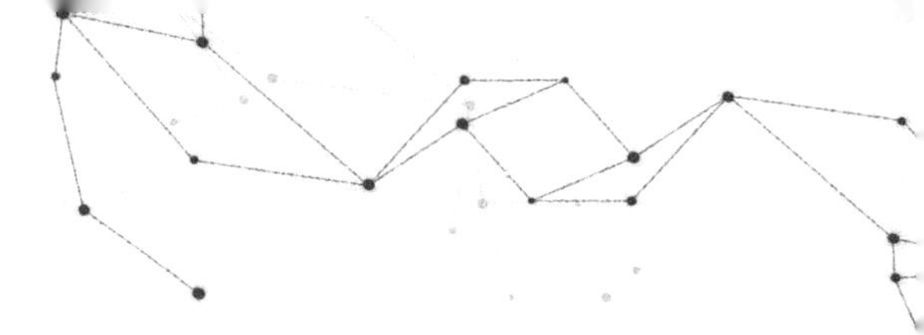

作者序

2013 年以来，慕课的快速发展推动了更多高校教师在教学中整合信息技术。2020 年，新冠肺炎疫情肆虐期间，信息技术在应对社会危机过程中作用的凸显，使整合信息技术的教学成为每位高校教师必备的能力，而不只是开放大学教师需具备的能力。然而，大量调查研究表明，当前高校教学中信息技术使用低效的现象依然普遍存在，且少有研究关注高校教师在具体教学实践中整合信息技术的教学能力的发展。

当前，高校教师的知识发展呈现实践性、整合性、协作性 3 种取向。其中，整合技术的学科教学知识（Technological Pedagogical Content Knowledge，TPACK）被称为 21 世纪的教学知识，它是指教师有关技术、教学法和学科内容之间复杂关系的知识，是教师在学科教学中整合技术时所需的知识框架。然而，现有 TPACK 研究较多关注评测职前教师、中小学教师的 TPACK 水平和考察信息技术整合项目或培训对教师的影响。少有研究关注高校教师参与的具体的信息技术整合实践及其 TPACK 发展机制。

因此，本研究基于教师实践性知识、学科教学知识（Pedagogical Content Knowledge，PCK）、TPACK 等教师专业发展理论，探究慕课教学情境下高校教师 TPACK 有何发展以及如何发展，以期为更有效地推动“互联网 +”时代高校教师 TPACK 持续发展提供实证研究依据。本研究采用质性研究方法，首先对 20 位来自不同类型高校、不同专业、不同年龄的慕课教师进行访谈，探究高校教师 TPACK 发展情境；然后从中筛选了 3 位来自不同类型高校（“985”高校、“211”高校、开放大学）的教师，对其开展案例研究，包括观察慕课教学并收集相关实物资料，利用扎根理论的持续比较法和内容分析法对质性数据进行分析，深入分析高校教师 TPACK 知识成分、要素及要素间关系的发展。

本研究发现，慕课教学可推动高校教师 TPACK 发展，具体体现在技术知识、整合技术的教学知识、整合技术的学科知识等技术方面的知识发展明显；整合技术的教学策略知识和整合技术的评估知识等 TPACK 要素发展明显。高校教师有待发展的要素是有关学生的知识、课程知识和整合技术的学科教学统领观念。其中，有关学生的知识和课程知识是推动其他 TPACK 要素及要素间关系发展的关键；整合技术的学科教学统领观念并不是孤立的，而是与其他 TPACK 要素一起构成系统化 TPACK。

此外，本研究所建构的高校教师 TPACK 发展路径表明，在新的信息技术情境下，高校教师 TPACK 发展具有复杂性和多样性等特征。TPACK 发展的复杂性体现在高校教师需要框定问题情境，通过行动中反思、观摩其他慕课、参与培训、开展学习分析与研究等多种途径，习得技术方面的知识，从而与已有知识整合，形成 TPACK。TPACK 发展的多样性体现在由于组织支持、教师专业发展导向等的不同，教师 TPACK 发展的速度和程度不同：3 位案例教师分别是效果、设计、扩散 3 种核心驱动因素作用下的 TPACK 发展典型。

本研究建议不仅要关注整合技术的教学策略知识、整合技术的评估知识的发展，而且要关注有关学生的知识、课程知识、整合技术的学科教学统领观念等 TPACK 要素的发展，即推动高校教师 TPACK 各要素及其关系持续发展，形成 TPACK 系统思维；建构技术支持的师生共生发展的学习文化，充分发挥高校教师的主体性；为高校教师提供教学设计、整合技术的教学知识、教学学术和教学管理等方面的专业化支持。

在理论层面，本研究创新性地将 TPACK 知识成分和构成要素两条研究路径相结合，深化了对 TPACK 内涵和价值的认识，并建构形成“互联网 +”时代高校教师 TPACK 发展路径，揭示了技术情境下高校教师 TPACK 发展的复杂性和多样性；丰富了教师实践性知识的理论和研究，补充了信息技术对教师实践性知识的影响。在实践层面，本研究汇聚和提炼了高校教师有关慕课教学的实践性知识，并通过案例呈现了高校教师在具体教学实践中 TPACK 的发展机制，以期帮助更多高校教师从同行的案例中受到启发并着力建构系统化 TPACK，同时促使高校管理部门为高校教师提供适切的专业化支持。此外，本研究尝试在教育理论和教育实践之间建立桥梁，推动两个领域之间进行更多的对话并达成相互理解，从而推动不同类型高校教师的专业发展及高校教育教学科学化发展。

魏志慧

目 录

c o n t e n t s

目 录

c o n t e n t s

目 录

c o n t e n t s

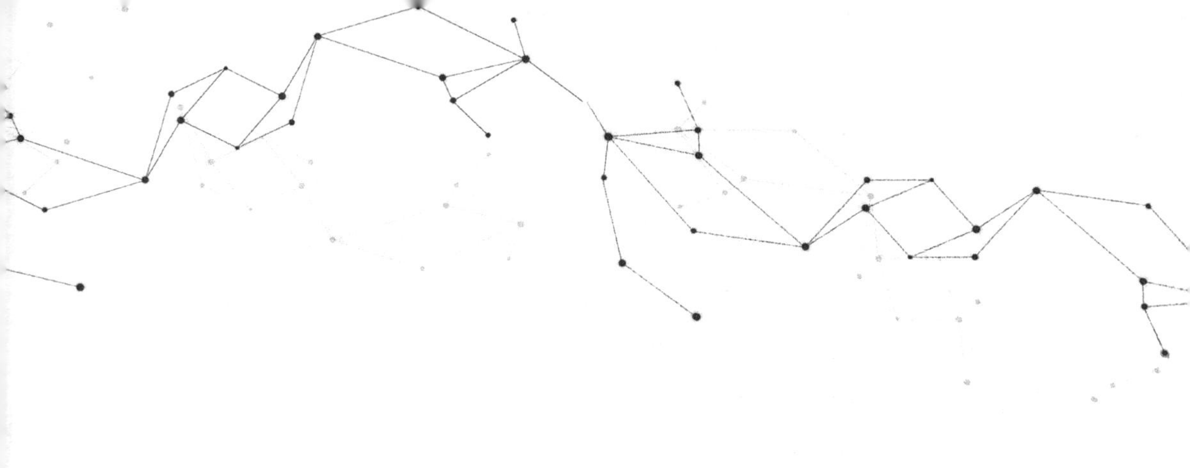

第一章 ▼ 导论

1

随着时代的发展，教师主动适应新技术变革，将信息技术融入教育教学过程的呼声越来越高。例如，2018 年 1 月，我国发布《中共中央　国务院关于全面深化新时代教师队伍建设改革的意见》，从国家层面提出教师应"主动适应信息化、人工智能等新技术变革，积极有效开展教育教学"。[1] 当下，新冠肺炎疫情推动了教师不同程度地利用信息技术开展教学。

然而，任何教育改革都首先需要了解教师所拥有的知识，以此为基础才有可能深化教师的知识，促进教师不断学习和提高，进而达到帮助学生更好地学习的终极目的[2]。已有调查研究表明，我国高校教师对在信息化环境下开展教学改革必要性的认同感较强，且具备使用信息技术工具的基本技能，然而，在"互联网 +"教育背景下开展有效教学的能力尚不足[3]。这一方面体现在信息技术使用层次低，即高校教师更多的是在课堂上应用信息技术进行知识表征和资源搜索，缺乏应用信息技术加强师生沟通、开发学习活动、创设和模拟教学情境，以及对信息技术应用进行反思等方面的知识[4]。Liu 等对我国高校外语教师的调查也表明，高校教师更多开展的是以教师为中心的技术使用行为，即主要通过技术进行内容传输和讲座，并开展练习和测试，具体为利用音频、视频软件等为学生呈现真实的语言输入，利用 PPT 等为学生呈现语言知识，利用测试软件、问卷软件等测试学生的语言知识水平，利用课程网站和 App 的练习加强对学生的语言技能训练。[5] 此外，高校教师仍停留在面授环境下的备课、反思等经验总结层面，缺乏基于网上数据开展学习分析、教学优化和即时评价反馈等研究能力。[6] 因此，如何推动高校教师从在教学实践中整合技术发展到实现有效整合技术与教学，是当前高校教学改革迫切需要解决的问题。

---

[1] 中共中央　国务院关于全面深化新时代教师队伍建设改革的意见 [OL]. [2018-1-31].

[2] 陈向明 . 搭建实践与理论之桥：教师实践性知识研究 [M]. 北京：教育科学出版社，2011:15.

[3] 韩锡斌，葛文双 . 中国高校教师信息化教学能力调查研究 [J]. 中国高教研究，2018 (7) :57-63.

[4] 任秀华，任飞 . 高校教师 TPACK 现状调查及问题分析 [J]. 现代教育技术，2015，25(4):38-44.

[5] Liu H, Wang L, Koehler, M J. Exploring the intention-behavior gap in the technology acceptance model: A mixed-methods study in the context of foreign-language teaching in China[J]. British Journal of Educational Technology, 2019,50(5):2536-2556.

[6] 韩锡斌，葛文双 . 中国高校教师信息化教学能力调查研究 [J]. 中国高教研究，2018(7):57-63.

TPACK 被认为是教师做出有关整合技术并将其作为学习工具的教学决策时所需的知识框架，[1] 是 21 世纪的教学知识 [2]。然而，调查表明，我国高校教师的 TPACK 水平普遍偏低。[3][4] 参与整合技术的教学实践是推动教师 TPACK 发展的重要途径。2012 年以来，我国有大量慕课涌现。截至 2019 年 4 月，我国有 12500 门慕课上线，超过 2 亿人次在校大学生和社会学习者学习慕课，6500 万人次大学生获得慕课学分。[5] 短短几年来，上万名高校教师开展了慕课教学，这也为高校教师提供了整合技术、教学法和学科内容，以及发展 TPACK 的契机。然而，目前的 TPACK 研究更多关注对高校教师 TPACK 水平的测量，少有研究关注高校教师在具体教学实践中 TPACK 的发展以及如何推动其 TPACK 持续发展。因此，本研究旨在通过探究慕课教学情境下高校教师 TPACK 的发展，探索并建构高校教师 TPACK 发展的机制，以促进信息化时代高校教师的专业发展，提高高校信息化教学质量。

第一节　研究缘起

出于工作原因和研究兴趣，我接触了很多普通高校的教师和开放大学的教师，我体会到他们所感受到的不同的压力，不同的工作和生活状态，不同的精神面貌。于是，我时常会想：在终身教育、在线教育日益普及的时代，他们是否会有殊途同归的专业发展？在这个新时代，高校教师会不会有新的生活方式？在这个新时代，高校教师是否更能体会到教书育人、知识发现的创造感和成就感？

[1] Niess M L. Investigating TPACK: Knowledge growth in teaching with technology[J]. Journal of Educational Computing Research, 2011,44(3):299-317.

[2] Hsu Y S. The development of teachers' professional learning and knowledge[M]. Hsu, Y. S. Development of Science Teachers' TPACK: East Asian Practices. Singapore: Springer, 2015:11.

[3] 任秀华，任飞．高校教师 TPACK 现状调查及问题分析 [J]. 现代教育技术，2015，25(4):38-44.

[4] 徐春华，傅钢善，侯小菊．我国高校教师的 TPACK 水平及发展策略 [J]. 现代教育技术，2018，28(1):59-65.

[5] 教育部．中国慕课行动宣言 [OL]. [2019-04-15].

一、好奇：普通高校教师慕课教学

随着慕课的迅猛发展，越来越多的普通高校教师参与慕课教学，这些教师的慕课教学经历及其对学习者和教师自身有什么影响是我一直关注的话题。

2014年2月10日—3月21日，作为信息技术应用在教育领域的先驱，北京师范大学庄秀丽博士和台湾淡江大学邹景平教授在“在线学习网”开设了“有效提升在线学习力——35天变成学习达人”课程。这门课程的一位学习者（化名SF）在选修该课程后，仅2014年在业余时间修读了12门慕课，其中11门获得了结业证书。这给了我很大的震撼，在线学习让优质教育资源突破已有壁垒，向公众开放，这意味着终身在线学习时代的到来。那么，高校教师该如何应对这一变化，如何帮助学习者更好地利用慕课等进行有效的学习呢？

2015年12月，我去青岛参加联合国教科文组织国际互联网教育合作伙伴会议，偶遇多年来一直从事教学设计研究的汪琼教授。我问汪教授开展慕课教学最大的收获是什么，她说是将慕课作为一个研究场，并将教学设计研究、慕课教学、研究生培养结合起来。短短两三年时间，汪教授基于自己团队在教学设计、教育信息化、教师培训等领域丰富的实践经验、理论探索经验，在中国大学MOOC平台上先后开设了3门慕课：“教你如何做MOOC”“翻转课堂教学法”“教师如何做研究”。2016年，她又开设第四门慕课——“信息化教学设计”。之前，我在微信朋友圈里看到有朋友转发汪琼教授主讲的慕课“教师如何做研究”的信息，便于2015年8月注册了该平台的账号，参与了该课程的学习。当时，我正好在休假，便观看了所有的教学视频并参与了在线社区的部分交流活动。但由于这门课程的实践性很强，需要与正在开展的研究结合起来学习，我因为暂时没有好的选题，所以没有完成平时作业和最后的作业。该课程的学习人数在2015年8月24日晚8点突破了1万人，第一讲测验有902人完成（平均分为7.2分），第二讲测验有277人完成（平均分为7.3分），第三讲测验只有144人完成（平均分为8.3分）。估计其中不乏我这样的人，在注册慕课后往往仅选择自己感兴趣的话题和视频进行观看，没有承担起足够的学习责任。慕课中丰富的案例使我增长了有关教育研究方法的知识，激发和增强了我探究知识的兴趣和信心；讨论区的讨论交流也让我从不同视角来看待研究，借鉴别人发现问题、分析问题和解决问题的思路；更重要的是，我在工作和学习过程中遇到问题可以随时查看慕课，这可以帮助我解决现实问题，提高自己的认识水平。

此外，我从北京大学慕课工作组组长李晓明教授的博客上看到，李教授近几年逐渐抛下其他行政工作，致力于北京大学慕课的组织和推动工作，并基于对慕课学习、亲自授课、管理的经验与思考，于 2015 年 10 月 8 日在中国大学 MOOC 平台上开设了相关课程。

这样的例子还有很多。2016 年起，我通过到清华大学、北京大学、复旦大学等高校参加会议、培训等，接触到越来越多的慕课教师。此外，我还受邀到同济大学、北京大学、江南大学、复旦大学等高校与一线教师分享有关如何提升教育实证研究和论文研究的话题，有机会接触到更多的高校教师，他们大多有丰富的学科知识，但缺乏教学知识、教学研究知识和相应的支持。我进一步组建了“中国高校教师慕课教学体验研究小组”，该小组目前有 137 位成员，包括慕课教师、研究者、慕课平台方、高校管理者等各方面人士，我们一起分享和探讨慕课教学及其发展。

这些经历引发了我的思考：如何将我国高校教师丰富的教学经验，尤其是技术整合的学科教学方面的经验上升到知识层面，积累高校教学学术共同体的“共同财富”，推动高校教师的专业发展，切实推动高校教学改革，培养在校学习者乃至社会学习者适应快速变化的终身学习的兴趣和能力。

二、关切：开放大学教师专业发展

除了关注普通高校教师的专业发展外，由于供职于国内一所知名的开放大学，我一直非常关注新技术在开放大学中的应用，以及开放大学教师如何积极参与其中。我作为主要研究人员参与了中国成人教育协会 2013—2014 年重点课题“基于 MOOC 的我国远程开放教育发展研究”，执笔撰写并发表了《互联网时代开放远程教育路在何方？——MOOC 发展动因及启示》一文。该文基于对国内外慕课发展的动因、历程的梳理，结合开放大学办学 60 多年来的经验教训，建议互联网时代的教育机构，尤其是开放远程教育机构在课程理念、教学方式、运行模式方面继续创新发展，让教师从重复、繁杂的教学工作中解脱出来，并基于学习者多元化、个性化的需求，为其提供个性化、多元化、灵活化、社会化的终身学习机会和体验。这样，教师才会有更多时间和精力与学习者交流和互动，启发学习者思考，从而践行真正的以学生为中心的教学模式，最终增强学习者的终身学习能力。

在实践层面，开放大学近年来也在大力推动教师设计和开发在线课程、开展网上教学，但是教师们并没有太大的热情，而且一些学习者反馈还是喜欢面授教学。结果，学校投入很多经费、教师们投入很多时间，录制的大量视频，都成为无人访问的数字“废墟”。

这引发了我的思考，为什么同样面对慕课浪潮，不同教师的经历和感受会有很大不同？这就有必要探讨以下问题：教师是如何从传统教学转化为慕课教学的？他们是如何设计和实施慕课的？在这个过程中，他们面临哪些制约因素，又是如何应对的？慕课教学对教师的校内教学和研究有什么影响？高校教学管理应如何支持教师开展慕课教学？

三、探究：教师视角慕课教学研究

带着上述好奇和关切，我进一步对慕课相关文献进行调研，发现已有研究大多集中在技术、学习者和慕课教学法等方面。学者们往往关注教学法的改进，忽视了对慕课教学者——授课教师群体的研究。[1] 不少慕课研究综述也指出，现有慕课研究对教师的关注不够，缺乏对慕课教师体验和实践方面的研究。例如，Liyanagunawardena 等通过对 2008—2012 年国际慕课文献进行综述，发现大多数研究从学习者的角度进行调查，少数研究关注教育机构所面临

[1] 胡莉芳．MOOC 教师个体属性及其教学行为分析 [J]. 复旦教育论坛，2017，15(6):63-68.

的威胁和挑战，缺乏对教师体验和实践方面的研究。[1] 石小岑等对 2013—2015 年国际慕课研究热点和趋势进行梳理后发现，慕课设计质量还比较低，且对教师的关注不够。[2]Veletsianos 和 Shepherdson 通过综述发现，183 项研究中仅有 8.2% 关注教师和教学方面的话题，且主要关注学术人员的意识、对慕课的观点和体验。[3]Deng 和 Benckendorff 也发现只有少数研究从教师视角探索慕课教学和学习，且主要关注教师参与慕课的动机、面临的挑战、教学法偏好，相对于学习者体验研究来说，教师慕课教学体验方面的研究很少。[4]

我国有关慕课教师的研究也较少。王佑镁 [5] 等以中国期刊全文数据库收录的 645 篇慕课主题的期刊论文为研究对象，发现我国慕课研究主要集中在慕课发展、对传统高等教育的影响、应用模式，以及发展中存在的问题与面临的挑战等方面。2015 年 10 月 29 日，我以“TI=‘慕课’OR TI=‘MOOC’OR TI=‘大规模开放在线课程’”为检索语句，在中国知网（CNKI）中检索到 3106 条文献，然后在检索结果中以“TI=‘教师’”为检索语句进一步搜索到 111 篇文献，其中有 4 篇是直接针对慕课教师的文献，其余文献大多探讨慕课对各类教师的挑战和影响，缺乏深入的实证研究。

高质量在线课程的背后是高质量教师。从慕课教师的角度，尤其是从慕课教师的技术使用行为出发，探究影响慕课质量的因素是很有必要的，这可以帮助更多教师更好地理解和利用慕课的可供性，将慕课与学科课程教学充分整合。

---

[1] Liyanagunawardena T L, Adams A A, Williams S A. MOOCs: A systematic study of the published literature 2008-2012[J]. International Review of Research in Open & Distance Learning, 2013,14(3):202-227.

[2] 石小岑，李曼丽 . 国际 MOOC 研究热点与趋势：基于 2013—2015 年文献的 Citespace 可视化分析 [J]. 开放教育研究，2016，22(1):90-99.

[3] Veletsianos G, Shepherdson P. (2016). A systematic analysis and synthesis of the empirical MOOC literature published in 2013–2015[J]. International Review of Research in Open and Distance Learning, 17, 198–221.

[4] Deng R, Benckendorff P, Gannaway D. Understanding learning and teaching in MOOCs from the perspectives of students and instructors: A review of the literature from 2014 to 2016[J]. Lecture Notes in Computer Science, 2017,10254:176-181.

[5] 王佑镁，叶爱敏，赖文华 . MOOC 何去何从：基于知识图谱的国内研究热点分析 [J]. 中国电化教育，2015(7):12-18.

第二节　研究问题及意义

一、研究问题

前述研究经历、实践反思、文献梳理引发了我最初的研究兴趣。我国高校教师是如何从课堂教学转化为慕课教学的？他们是如何开展慕课设计、开发和教学的？慕课教学经历对教师 TPACK 发展有什么影响？

带着最初的研究问题，我进入研究现场，对开展慕课教学的高校教师进行深度访谈并观察他们的慕课教学，包括观察课程论坛和微信群。同时，我发起并建立了“中国高校教师慕课教学体验研究小组”微信群，微信群的成员也会分享、讨论慕课教学和研究的动态，这让我有机会以高校教师的视角来探究慕课教学对高校教师知识发展的影响。在此过程中，研究问题逐渐聚焦在慕课教学情境下高校教师 TPACK 的发展，具体的子问题如下。

（1）在慕课教学情境下，高校教师 TPACK 有何发展？

（2）在慕课教学情境下，高校教师 TPACK 是如何发展的？

二、研究意义

新冠肺炎疫情期间，我国各级各类教育机构的教师都在面对“停课不停学”等新问题。相比以往信息技术在教学中可有可无的地位，当下，所有教师都不得不在教学实践中考虑如何整合信息技术开展教学。因此，有关在线教育等信息技术与教学整合的实践和研究更具迫切性和应用价值，它们可以帮助教师充分理解慕课教学、在线教学等的可供性和局限性，并创造性地将其与学科内容、教学法更好地整合，对学习者开展有针对性的教学，促进学习者学习和成长。

除了培训等常见教学知识发展路径，教师教学知识的发展源于教学实践问题的解决。慕课教学为高校教师提供了具体教学实践问题和情境，为提高高校教师 TPACK 水平提供了契机。在实践层面，本研究提炼了高校教师在慕课教学实践中建构的实践性知识，有助于高校教师了解慕课教学的特征以及慕课等面向公众的高质量的学习资源的设计，[1] 从而更有效地设计、实施慕课教学，提高学习效率和提升学习效果；为高校教师提供了优质慕课资源和整合技术的学科教学法案例，有助于促使高校教师结合具体学习者的特征，为优质教育教学资源的共享和持续发展做出贡献，形成所有高校教师共享的教学经验库；发挥了慕课教师对其他教师在教学创新与变革、教育教学质量提高、专业化成长方面的引领作用，[2] 有助于激励更多高校教师参与在线教学，推进高校教师教学方式的转型、教学理念的转变。

在理论层面，本研究从高校教师的视角揭示了慕课教学情境下高校教师知识发展的丰富性、复杂性、多元性及其背后的发展机制，丰富了新技术情境下教师 TPACK 的内涵，除了关注 TPACK 框架及其知识成分的发展，还从整合技术的学科教学统领观念、整合技术的教学策略知识、整合技术的评估知识、有关学生的知识、课程知识等 TPACK 要素及其关系的视角系统看待高校教师 TPACK 的实质性发展。这有助于加深高校教师对技术、学科内容、教学法之间的复杂关系的认识，进而促使高校教师主动探索，切实系统化地发展 TPACK。本研究还构建了 TPACK 发展路径，这有助于高校教学设计人员和高校教学管理人员更好地了解高校教师在慕课教学中的障碍和问题，更好地在政策、培训、专业发展方面支持高校教师参与慕课教学，以提高教学学术水平，乃至提高教育质量，从而推动我国高校在线教育发展、教学模式改革、管理服务模式改革。

[1] Najafi H, Rolheiser C, Harrison L, etal. University of Toronto instructors' experiences with developing MOOCs[J]. International Review of Research in Open and Distributed Learning, 2015,16(3):233-255.
[2] 郑燕林，李卢一 .MOOC 教师教学领导力：内涵与自我提升策略 [J]. 中国电化教育，2016(1):116-123.

第三节　概念界定

本节对研究中涉及的慕课、在线教学、TPACK 等核心概念进行了界定。

（1）慕课，即大规模开放在线课程，是指进行大规模学习者交互参与和基于网络的开放式资源获取的在线课程。慕课具有两个显著特征：一是开放共享性，即慕课参与者不必是在校的注册学生，也不要求缴纳学费；二是可扩张性，即慕课是针对不确定的参与者设计的。[1] 考虑到我国慕课最初用于校际课程共享的特殊性，本研究所指的慕课是指针对两所及以上学校，乃至面向社会大众开放设计的在线课程。

（2）在线教学是指主要通过在线方式开展的教学。

（3）学科内容知识（Content Knowledge，CK）是指教师所教授的特定学科内容知识。

（4）技术知识（Technology Knowledge，TK）是指有关可以被整合到课程中的技术的知识。

（5）整合技术的学科知识（Technological Content Knowledge，TCK）是指有关技术如何帮助特定学科内容表征的知识。

（6）整合技术的教学知识（Technological Pedagogical Knowledge，TPK）是指有关以适当的教学方式使用技术的知识。

（7）TPACK 指教师为促进学生理解及应用学科内容，融合 CK、教学法知识 (Pedagogical Knowledge，PK)、TK、PCK、TCK、TPK，形成的对整合技术的教学策略知识、整合技术的评估知识、有关学生的知识、课程知识，以及整合技术的学科教学统领观念及其相互关系的理解。

[1] Massive open online course [EB/OL]. 2013-04-16.

第四节　全书结构

全书围绕慕课教学情境下高校教师 TPACK 发展展开论述，共 9 章。

第一章主要介绍了研究缘起、研究问题及意义，以及相关概念等。基于对越来越多普通高校教师参与慕课教学的好奇、对开放大学教师专业发展的关切，加上教师视角慕课教学研究的缺乏，本研究从高校教师视角探讨其在慕课教学情境下 TPACK 的发展。

第二章按照教师知识发展新取向、TPACK 发展、整合技术的教学实践与高校教师 TPACK 发展的演进逻辑进行文献综述，并提出了本研究的分析框架。文献综述表明，一方面，已有慕课研究更多关注技术、学生和教学法，针对慕课教师的研究主要关注教师参与慕课教学的动机、角色、所面临的挑战，缺乏有关教师视角的慕课教学过程及 TPACK 发展的深入实证研究。另一方面，已有 TPACK 研究更多关注其知识成分，缺乏对 TPACK 知识成分间关系、要素及要素间关系等更能体现 TPACK 发展的深入研究。因此，本研究从 TPACK 框架各知识成分、TPACK 要素及其关系发展的视角全面、系统地考察慕课教学对高校教师 TPACK 发展的影响。

第三章介绍本研究是如何收集和分析资料的。本研究首先通过对 20 位慕课教师进行深度访谈，探究其 TPACK 发展情境；其次从中筛选了 3 位受到学生和同行好评的案例教师，进一步通过观察其慕课、收集相关实物资料以进行案例和跨案例，深入探究慕课情境下高校教师的 TPACK 发展。

第四章介绍了受访教师的基本情况及其参与慕课教学的情境。参与慕课教学的高校教师大多有较丰富的内容知识和课堂教学经验，且他们大多是在学校的推动下参与慕课教学的，他们根据学校政策和支持、课程特点、自身兴趣和专业发展取向将慕课定位为联盟共享课程、大众通识课程、特定群体课程、名校开放课程。面对从课堂教学到慕课教学的转变，受访教师普遍重视组建团队，开展慕课设计并提供学习支持，尤其注重调整教学策略和学习评估方法。

然而，高校教师仍处于慕课教学的初级探索阶段，尚未充分整合学科内容、技术和教学法。

第五章至第七章分别详细描述了受到学生和同行好评的 3 位案例教师的慕课教学过程及其 TPACK 发展过程，包括 TPACK 要素及要素间关系的发展。3 位案例教师代表 3 种 TPACK 发展类型：效果驱动的 TPACK 发展、设计驱动的 TPACK 发展和扩散驱动的 TPACK 发展。

第八章进行了跨案例分析，比较了 3 位案例教师在参与慕课教学的过程中 TPACK 要素和要素间关系的发展以及 TPACK 发展路径的异同。3 位案例教师的 TPACK 要素发展相对全面，且要素间建立了一定的连接。高校教师主体性的发挥，以及以学生为中心的 TPK、教学设计培训与支持将帮助其更好地发展 TPACK。团队协作、教学反思与研究、开展学习分析、开展基于慕课的混合教学等多种途径均可推动高校教师的 TPACK 发展。

第九章呈现了结论与讨论、研究的创新和局限，并提出了发展建议。基于研究结论，本研究建议推进高校教师 TPACK 要素及要素间关系的发展；构建技术支持的师生共生发展的学习文化；为高校教师提供教学设计、TPK、教学学术、教学管理等方面的专业化支持。

第二章

▼

文献综述

2

在慕课教学情境下，教师面临着一个全新的以现代信息技术为支撑的教学环境，由此，教师教学知识的发展，面临着从传统经典的教学情境到在线教学环境的转变。慕课教师的知识发展就是 TPACK 的发展。本章对教师知识发展新取向，尤其是 TPACK 发展进行述评，从而形成本研究的分析框架。

第一节 教师知识发展新取向

长久以来，人们似乎有这样的认知：教师是知识权威，也是知识的化身；教师的知识不容置疑，脉络化缺失，而教师知识发展更成为一个“黑箱”。随着我国教育事业的飞速发展，教师教育成为政府和研究者关心的重要话题，教师知识发展成为教师教育研究的一个重要领域。

教师知识分为学科知识、教学内容知识、课程知识等 7 类，其中以教师能否整合其他知识并将其转化为教学设计的教学内容知识为核心。随着知识社会的到来，教师成为知识工作者，教师知识发展从传统的同质性、权威引领的知识发展观念，逐步转变为以应用为主的，问题导向、跨学科、异质性的知识发展模式。[1] 教师知识发展也逐渐摆脱以工具理性为指导的“技能训练模式”，反思性实践者、行动研究者等成为新一代教师的职业形象。[2] 这一理念的发展在很大程度上受到了知识管理相关理论的影响，也受到了学习心理学中社会—文化流派的影响，如重视教师实践、重视专业共同体、强调学习的文化历史情境等。综合教师知识发展相关研究，本研究发现，教师知识发展呈现实践性、整合性、协作性 3 种取向。

[1] Hargreaves D H. The production, mediation and use of professional knowledge among teachers and doctors: A comparative analysis[M]//Centre for Educational Research and Innovation, Knowledge management in the learning society: Education and Skills. Paris: Organization for Economic Cooperation and Development (OECD), 2000: 219-238.

[2] 李美凤 . 技术视野下的教师发展论 [M]. 北京：教育科学出版社，2011:140.

一、实践性取向：重视教师实践性知识

越来越多的研究者重视教师在教学实践中发展形成的知识，并认为“教师自身的教学经验和反思是教师发展教学知识最重要的来源”。[1] 与其他专业实践者一样，教师反思也包括两种方式，分别是对行动后反思和行动中反思[2]。行动后反思发生在教师对自己已经做过的或经历的事件进行反思。行动中反思发生在教师的行动过程中，特别是当遇到不曾预料的疑难情形时，教师最初运用已有的“经验库”与情境对话，界定初始问题，情境的回应则促使他们“重新框定”问题，构造并检验有关情境的新模型[1]，进而产生新的理解[3]。

我国学者陈向明基于实用主义知识观，即知识是主体在问题情境下通过操作、解决问题后获得的认识结果，提出教师实践性知识的概念，其具体指教师对自己的教育教学经验进行反思和提炼形成，并通过自己的行动体现出来的对教育教学的认识，其具有实践感、行动性、情境性、个体化与反思性等特征。[4] 12 教师实践性知识包括 4 个要素：主体、问题情境、行动中反思、信念。首先，教师通过与问题情境中的学生、学科、同事以及家人等的碰撞，经历身心的冲击和变化，看清自己真实的教育教学信念；其次，行动中反思是教师等专业人员的核心能力，“是教师在错综复杂的困境中表现出来的一种行动艺术，它体现了实践的真义，即行动和反思处于一种不断的、富有成效的紧张状态”；再次，面对困境，教师通过行动中反思生成新的实践性知识，或者说是形成关于教学的一个新的“信念”。[4] 148-152

教师知识发展的实践性取向重视教师的本土知识，注重教师主体性的发挥，从而提出了教师发展的新命题，即教师在教学实践过程中发展知识，并借鉴行动科学中关于反思的理念，重视教师在行动中的反思，在实践中的反思。

---

[1] 李莉春．教师在行动中反思的层次与能力 [J]. 北京大学教育评论，2008(1):92-105+190.

[2] 唐纳德·A. 舍恩．反映的实践者：专业工作者如何在行动中思考 [M]. 夏林清，译．北京：教育科学出版社，2007.

[3] 邹斌，陈向明．教师知识概念的溯源 [J]. 课程·教材·教法，2005(6):85-89.

[4] 陈向明．搭建实践与理论之桥：教师实践性知识研究 [M]. 北京：教育科学出版社，2011.

因此，尊重与开发教师实践性知识也许比灌输教学知识和模仿教学技艺更重要[1]。具体到如何应用技术转变进行教学与学习，黛安娜·劳里劳德指出“唯一可行的方案是利用每个教师的工作成果”，这是因为“各部门的教师每天都在发掘、检验运用数字技术促进教与学的新方式”。[2] 开展慕课教学为我国高校教师提供了利用技术开展教学的机会，高校教师有可能通过慕课教学发展技术与学科教学整合的实践性知识。因此，教师实践性知识的相关理论可用于分析高校教师在慕课教学过程中 TPACK 的发展。

二、整合性取向：技术情境下的 PCK

教师的工作“是针对具体问题且在具体情境中发生的，是一个整体运用知识的过程”。[3] 针对以往大多数教学实证研究过于强调教学的一般性特征而忽略具体学科内容的问题，舒尔曼（Shulman）提出了整合 CK 和 PK 以促进学生学习的教师知识框架，即既要重视丰富教师的教学 / 课程知识（CK），也要重视丰富教师的学科教学能力知识（PK）。[4] 舒尔曼的 PCK 概念的核心是使学科内容为教学所用，包括教师解释 CK、寻找多种途径表征 CK，以及改编和裁剪教学材料，以适应不同的概念和学生的先前知识。这种初步的整合观念将教师知识看作一种非同质性的存在，以分类学的思路，将教师知识进行细致化分解。PCK 得到了学界广泛的响应和认可，成为教师发展领域最具影响力的理论框架之一。

21 世纪初，随着信息技术的迅猛发展及其在教育中的广泛应用，PCK 框架已经无法充分解释信息化教育环境下教师开展有效教学所需具备的专业知识和素养。很多学者提出整合信息技术与学科教学的思想和理论。Pierson 建

[1] 陈向明．搭建实践与理论之桥：教师实践性知识研究 [M]. 北京：教育科学出版社，2011:235.

[2] 黛安娜·劳里劳德．教学是一门设计科学：构建学习与技术的教学范式 [M]. 金琦钦，洪一鸣，梁文倩，译．福州：福建教育出版社，2019:11.

[3] 邹斌，陈向明．教师知识概念的溯源 [J]. 课程·教材·教法，2005(6):85-89.

[4] Shulman Lee S.Those who understand: Knowledge growth in teaching[J]. Educational Researcher, 1986,15(2):4-14.

议在 PCK 框架中增加技术元素，以完善和发展教师专业知识体系。[1]Niess 提出的技术增强的学科教学知识（Technology-enhanced PCK）概念描述了教师运用技术设计、开展和评价课堂教学所需的知识。[2]Koehler 和 Mishra 正式提出 TPACK，将教师的 PCK 分为学科内容（教授的内容）、教学法（教学的方法）、技术（为教学而采用的技术），并讲述了这 3 种知识交互所产生的有效教学。[3] 教师必须理解学科内容、教学法及技术，并能够思考如何将这三者整合。[4] TAPCK 显示出一种新的教师知识发展模式，即整合性教师知识发展取向，它是教师为了让学生更容易理解及应用学科内容，融合 CK、PK、TK、PCK、TCK、TPK，在技术的协助下有效地进行教学表征和组织学习活动，以促进学生学习的一种教学知识。整合性教师知识发展取向是教师知识观的一种转化：教师知识由单一维度的描述性知识转化为立体的多维度的知识，揭示出了不同维度知识之间的关系，形成统合式知识。

TPACK 的提出，有重大的技术因素支持。技术已然成为教育教学的重要组成部分。在日常的教学活动和工作中，教师会使用多种多样的技术手段，提升教育和工作效果。然而，现有技术的应用大多建立在以教师为中心的理念上，没有充分展现技术在促进学生深度思考、扩展师生交流时空、促进学生能力发展等方面的潜在可供性。

三、协作性取向：拓展模式的兴起

当前，教师知识发展观正逐步从“获得模式”发展为“参与与协作模式”。越来越多的研究者重视构建教师学习社群和网络，为教师发展提供支持

[1] Pierson M E. Technology integration practices as function of pedagogical expertise[J]. Journal of Research on Computing in Education, 2011,33(4):413-429.

[2] Niess M L.Preparing teachers to teach science and mathematics with technology: Developing a technology pedagogical content knowledge[J]. Teaching & Teacher Education, 2005,21(5):509-523.

[3] 全美教师教育学院协会创新与技术委员会 . 整合技术的学科教学知识：教育者手册 [M]. 任友群，詹艺，译 . 北京：教育科学出版社，2011:3-29.

[4] 张宝辉，张静 . 技术应用于学科教学的新视点：访美国密歇根州立大学马修 · 凯勤教授 [J]. 开放教育研究，2013，19(2):4-11.

性环境，并关注教师团队探索与改进实践时的协作交往以及交往沟通规范和信任的建立与维持。[1] 在学习社群中，教师一方面“拥有言说和学习的机会”，可以一起探讨学科知识、学生与教学等问题，“在交流与对话中重新认识和理解实践、持续学习并改善实践”；另一方面，教师专业学习社群也能让教师“产生信任感和归属感”，在学校“建立协作的文化、共享的愿景和价值”。[2] 黛安娜·劳里劳德[3] 提出教师协作型学习“教学与学习”会话框架（见图 2-1），以引导教师开展协作型学习，构建关于教学机制的知识。Voogt 等进一步指出在协作设计技术增强的学习环境的过程中，教师学习有 3 个特征。①活动的情境性，指为教师自己或同伴的教学而设计技术增强的学习环境。教师和同伴一起参与协作设计，解决学科教学面临的相关的挑战性问题。②教师代理（Teacher Agency），指教师在参与设计技术增强的学习环境时，形成的与技术的关系。教师参与设计时的积极、负责任的角色能使主体得到发展。教师专业发展方面的文献表明，教师积极参与设计，对他们的学习有很大的帮助。③学习和变化的循环本质，指设计和学习是一个迭代过程。[4]

[1] Littlejohn A. Understanding massive open online courses[OL].

[2] 卢乃桂，钟亚妮 . 国际视野中的教师专业发展 [J]. 比较教育研究，2006(2):71-76.

[3] 黛安娜·劳里劳德 . 教学是一门设计科学：构建学习与技术的教学范式 [M]. 金琦钦，洪一鸣，梁文倩，译 . 福州：福建教育出版社，2019:91-93.

[4] Voogt J, Fisser P, Tondeur J, et al. Using theoretical perspectives in developing an understanding of track[A]// Herring, M.C., Koehler, M.J., & Mishra, P. Handbook of Technological Pedagogical Content Knowledge (TPACK) for Educators. New York: Routledge: 33-51.

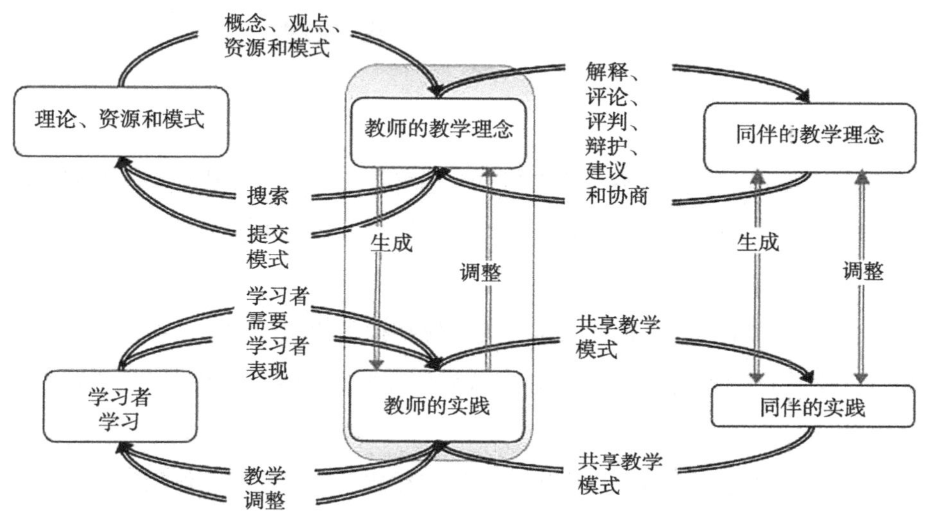

图 2-1　教师协作型学习“教学与学习”会话框架

近年来兴起的教师知识发展“拓展模式”突破了学校的范围，强调跨界学习，即让处于不同活动系统的人们相遇，在处理矛盾和冲突中生成新的实践性知识。[1]

综上，教师知识发展是一个复杂的过程，涉及教育教学工作的具体情境，与教师的个人社会背景、日常生活、教育经历、学校文化等有着密不可分的联系。3 种不同的教师知识发展取向，展现了教师知识发展的不同维度和侧面，反映了教师在日常教学活动中建构知识、运用知识、开展实践和反思的具体的行动和机制，将有助于本研究从更全面、系统的视角分析慕课情境下高校教师 TPACK 的发展。

[1] 陈向明 . 教师最需要什么素养 [J]. 中国教育学刊，2018(8):3.

第二节 TPACK发展

近30年来，随着技术在各个领域的快速普及，研究者开始关注人们对技术的接受及其影响因素，并提出技术接受模型（Techology Acceptance Model, TAM）和整合型技术接受和使用模型（Unified Theory of Acceptance and Use of Techology，UTAUT）来描述技术行为意愿和技术使用行为。然而，大量研究表明，教师主要使用技术继续而不是改变传统教学实践，技术低效运用现象普遍存在[1]。

TPACK是指教师对学科内容、教学法和技术之间的相互作用的理解，被认为是教师做出有关整合数字技术并将其作为学习工具的教学决策时所需的知识框架[2]，是21世纪的教学知识[3]。研究表明，TPACK是教师在教学中整合技术的知识基础，是影响教师整合技术的意愿和行为的重要因素。例如，Hsu等发现英语教师的TPACK显著影响其对技术的感知易用性和感知有用性，感知易用性对教师采用移动辅助语言学习很关键，而感知有用性是教师使用态度和持续使用的关键影响因素。[4]Mei等、Teo等将TPACK作为TAM的预测指标，均发现TPACK是教师技术使用意愿的关键影响因素。[5][6]Liu等研究发现

[1] 黛安娜·劳里劳德.教学作为一门设计科学构建学习与技术的教育学范式[M].金琦钦，洪一鸣，梁文倩，译.福州：福建教育出版社，2019:78-79.

[2] Niess M L. Investigating TPACK: Knowledge Growth in Teaching with Technology[J]. Journal of Educational Computing Research, 2011,44(3):299-317,

[3] Hsu Y S. The Development of Teachers' Professional Learning and Knowledge[J]. Development of Science Teachers TPACK,2015:11.

[4] Hsu, Liwei. Examining EFL teachers' technological pedagogical content owledge and the adoption of mobile-assisted language learning: A partial least square approach[J]. Computer Assisted Language Learning, 2016, 29(8):1287-1297.

[5] Mei B, Brown G, Teo T. Toward an understanding of preservice English as a Foreign Language teachers' acceptance of Computer-Assisted Language Learning 2.0 in the People's Republic of China[J]. Journal of Educational Computing Research, 2017,56(1): 74-104.

[6] Teo T, Milutinovi V, Zhou M, et al. Traditional vs. innovative uses of computers among mathematics pre-service teachers in Serbia. Interactive Learning Environments, 2017,25(7):811–827.

TPACK、促进条件、经验等是技术使用意愿和使用行为之间的可调节变量。[1]

因此，教师发展 TPACK 对其有效地使用技术开展教学至关重要[2]，还会改变技术在教育情境中的应用方式，甚至会改变教师培养方式[3]。不少研究关注教师如何建立和发展 TPACK，例如 Niess 指出有必要描述教师的学习轨迹，即教师在整合新涌现的技术，将其作为不同学科领域的学习和教学工具以加强和促进儿童知识发展时形成的知识、技能和对策。[4]

大多数研究者基于有支持的设计学习促进教师 TPACK 发展，即让教师在设计课堂教学、在线教学等实践教学过程中逐步形成对技术、学科内容和教学法三者之间的复杂关系的深刻理解。例如，Kramarski 和 Michalsky 利用元认知问题引导教师在设计课程教学任务时进行自我指导式的学习。[5]Tee 和 Lee 使用 SECI（社会化—外化—整合—内化）模式促进教师群体合作创建 TPACK。[6]

学界逐渐形成了两种 TPACK 发展观。一是 TPACK 发展的整合观，即将 TPACK 看作不同知识的整合，倾向于通过对 TPACK 框架及其基础知识成分进行详细分析，来调查 TPACK。例如，Koehler 等通过对教师设计工作中的对话进行编码，发现随着设计工作的推进，有关 PCK、TPK、TCK 和 TPACK4 个复合元素的对话开始增多，这表明教师逐渐更多地思考技术、学科内容、教学

---

[1] Liu H, Wang L, Koehler M J.Exploring the intention-behavior gap in the technology acceptance model: A mixed-methods study in the context of foreign-language teaching in China[J]. British Journal of Educational Technology, 2019,50(5):2536-2556.

[2] 全美教师教育学院协会创新与技术委员会 . 整合技术的学科教学知识：教育者手册 [M]. 任友群，詹艺，译 . 北京：教育科学出版社，2011:3-29.

[3] 何克抗 . TPACK：美国“信息技术与课程整合”途径与方法研究的新发展（下）[J]. 电化教育研究，2012(6): 47-56.

[4] Niess M L. Investigating TPACK: Knowledge Growth in Teaching with Technology[J]. Journal of Educational Computing Research, 2011,44(3):299-317.

[5] Kramarski B, Michalsky T. Preparing preservice teachers for self-regulated learning in the context of Technological Pedagogical Content Knowledge[J]. Learning and Instruction, 2010, 20(5):434-447.

[6] Meng Y T. Lee SS. From socialization to internalization: Cultivating Technological Pedagogical Content Knowledge Through Problem-Based Learning[J]. Australasian Journal of Educational Technology, 2011,27(1):89-104.

法三者之间的互动。[1] 二是 TPACK 发展的转化观，即将 TPACK 看作由其他知识发展而来的一种独特知识，有研究者在 PCK 要素的基础上研究 TPACK 要素及其发展。[2] 本节将对这两种 TPACK 发展观进行综述和分析。

一、TPACK 发展的整合观

TPACK 早期的定义为将“信息技术整合于课堂教学的知识综合体”。[3] 很多学者就 TPACK 框架及其知识成分进行界定和测量（见图 2-2），认为 TPACK 是由这些基础知识整合而成的。

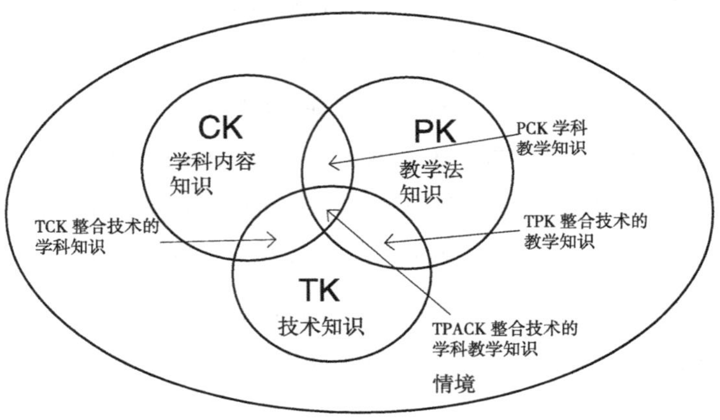

图 2-2 TPACK 框架及其知识成分

近年来，相比之前更多研究关注通适型 TPACK，更多学者开始关注技术专属型 TPACK、教学专属型 TPACK 或学科专属型 TPACK 的研究。

（1）技术专属型 TPACK 研究主要突显某种特定的信息技术。例如，针对

[1] Koehler M J, Mishra P, Yahya K. Tracing the development of teacher knowledge in a design seminar: Integrating content, pedagogy and technology[J]. Computers & Education, 2007,49(3):740-762.

[2] Niess M L. Preparing teachers to teach science and mathematics with technology: Developing a technology pedagogical content knowledge[J]. Teaching & Teacher Education, 2005, 21(5):509-523.

[3] 蔡敬新，邓峰．“技术 - 教学 - 学科知识”(TPACK) 研究：最新进展与趋向 [J]. 现代远程教育研究，2015，18(3):9-18.

网络教育的发展，Lee 和 Tsai 提出网络教学法内容知识（Technological Pedagogical Content Knowledge-W），它指识别合适的在线学习活动以满足特定课程的需求及使用合适的教学法支持在线活动的知识，例如，应用网络资源引导特定教学单元的学习活动。[1] 其具体评价指标包括：①选择和应用网络资源，辅助教学、制定特定课程单元的多元化教学策略、引导特定课程单元的学习活动；②利用技术加强学习者的学习、强化学习者的学习动机。TPACK-W 强调使用和开展适合特定课程的在线教学法及在线学习活动，但其理念仍是将网络资源和网络技术用于课堂教学，强化学习者的学习动机，采用多元化的教学策略来引导学习活动，学科特色不明显。

2010 年以来，随着越来越多的高校教师参与在线教学，有研究者利用 TPACK 框架分析高校教师参与在线教学培训或实践后 TPACK 发展的过程或结果。Anderson 等利用 TPACK 框架对不同学科的高校教师作为在线学习促进者的实践进行访谈，发现 TPACK 框架可帮助研究者鉴别受访教师对在在线和混合环境中所教内容、引导教学和课程设计的教学法、用于促进学生学习的技术的观点，并建议进一步分析个体教师的 TPACK 特征，运用 TPACK 框架的结构和定义跟踪教师和课程设计者的发展过程，即将 TPACK 作为自我反思工具，深入分析教师在在线、混合、面对面等不同情境中的教学。[2]Rienties 等从技术增强学习的应用、在线学习教学经验、CK 和 PK、TPK、TCK、TPACK 等维度对 73 位参加在线教师培训项目的高校学术人员的 TPACK 水平变化进行测量，发现培训结束后，高校学术人员的 TPACK 技能得到了实质性的增强，且他们降低了对知识传输观的重视程度。[3]

---

[1] Lee M H, Tsai C C. Exploring teachers' perceived self efficacy and technological pedagogical content knowledge with respect to educational use of the World Wide Web[J]. Instructional Science, 2010, 38(1):1-21.

[2] Anderson A, Barham N, Northcote M. Using the TPACK framework to unite disciplines in online learning[J]. Australasian Journal of Educational Technology, 2013,29(4): 549-565.

[3] Rienties B, Brouwer N, Lygo-Baker S. The effects of online professional development on higher education teachers' beliefs and intentions towards learning facilitation and technology[J]. teaching & teacher education, 2013(29):122-131.

（2）教学专属型 TPACK 研究主要突显特定教学策略。例如，考虑到 TPACK 教学目的中立，Koehler 等[1]建议当前需要更多地关注高阶思维、协作能力和创造能力。Sang 等在 Chai 等设计的 TPACK 量表的基础上改编形成的 TPACK 测量题目既包括教师整体的自我评价，如“能恰当整合学科内容、技术和教学法，设计教学，实现以学生为中心的学习”，也包括教师对利用技术帮助学生建构学科知识表述方式、设计自主学习活动和探究活动等的自我评价，如“可以根据学科内容规划活动，帮助学生使用恰当的技术建构不同的学科知识表述方式（如使用在线思维导图等）”“能够利用适当的技术工具 [如博客、网络探究（webquest）等]，针对学科内容设计学生自主学习活动”“能够设计探究活动，并以适当的技术（如模拟软件、网络资源等）引导学生理解学科内容”。[2][3]Tseng 等利用 SAMR 模式分析教师 TPACK 建立的程度，涉及替换（Substitution，技术作为直接的工具替代物，但无功能改善），增强（Augumentation，技术作为直接的工具替代物，功能改善）阶段，改进（Modification，技术允许再设计有意义的任务）阶段，重新定义（Redefinition，技术允许创建新任务，这是之前难以想象的）阶段。[4]通过对 4 位外语教师两个学期基于 iPAD 教学的录像、焦点小组访谈文本进行分析，Tseng 发现，尽管一些教师正在转变教学策略，但他们的教学仍主要作为以教师为中心的传统课堂传输语言的替代物。可见，从以教师为中心的 TPACK 转变到以学生为中心的 TPACK 并不是一个容易的过程。

（3）学科专属型 TPACK 研究主要突显特定学科。Liu 和 Kleinsasser 对 6

---

[1] Rosenberg J M, Koehler M J. Context and technological pedagogical content knowledge (tpack): a systematic review[J]. Teachers College Record, 2015,108(6):1017-1054.

[2] Sang G, Tondeur J , Chai C S, et al. Validation and profile of Chinese pre-service teachers' technological pedagogical content knowledge scale[J]. Asia-Pacific Journal of Teacher Education, 2014,44(1):1-17.

[3] Chai CS, Ng E, Li W, et al. Validating and modeling technological pedagogical content knowledge (TPCK) framework among Asian preservice teachers[J]. Australasia Journal of Educational Technology, 2013,29(1): 41-53.

[4] Tseng J J, Cheng Y S, Yeh H N. How pre-service english teachers enact tpack in the context of web-conferencing teaching: A design thinking approach. Computers & Education, 2019(128):171-182.

位参与英语课程整合在线教学专业发展项目的高中教师进行前后测量和访谈后发现，经过一年的学习，教师的 TPK、TCK 和 TPACK 等知识有所发展。[1]Tseng 等对 4 位汉语教师 TPACK 发展的研究表明，教师理解网络会议技术的可供性，例如，利用多媒体和互联网资源加强远程学习者的语言输入、人和内容的交互、语言输出。[2]

然而，不少研究指出，TPACK 框架中复合知识成分之间的边界比较模糊，[3] 我们依然无法以一致的方式评价 TPACK，且大多数 TPACK 研究与特定学科仍无直接关联。因此，有研究者建议应将时间和精力从证明 TPACK 框架知识成分的合理性转向鉴别每个成分的贡献。[4]

二、TPACK 发展的转化观

基于 TPACK 框架知识成分之间存在高关联性与重叠性[5]，以及拥有基础知识并不意味着教师的 TPACK 得到发展——即能有效整合 CK、PK 和 TK 等认知，有研究者借鉴 PCK 要素对 TPACK 要素开展研究。Niess 基于 Grossman 提出的 PCK 的 4 个核心要素，提出科学 / 数学领域 TPACK 的 4 个核心要素：①利用技术教科学 / 数学的统领观念，即整合技术教一门特定学科意味着什么；②利用技术进行教学的教学策略和内容表征；③有关学生使用技术的理解、思考和学习的知识；④课程和课程材料知识。[6] 张凤娟等将 Niess 提出的科学 / 数学领域 TPACK 的 4 个核心要素用于分析中国大学的外语教师，其具

[1] Liu M H, Kleinsasser R C. Exploring EFL teachers' CALL knowledge and competencies: In-service program perspectives. Language, Learning and Technology, 2015,19(1):119-138.

[2] Txeng J J, Lien Y J, Chen H J. Using a teacher support group to develop teacher knowledge of Mandarin teaching via web conferencing technology[J]. Computer Assisted Language Learning, 2016,29(1): 127-147.

[3] 蔡敬新，邓峰．“技术 - 教学 - 学科知识”(TPACK) 研究：最新进展与趋向 [J]. 现代远程教育研究，2015，18(3):9-18.

[4] Angeli C, Valanides N, Christodoulou A. Theoretical considerations of technological pedagogical content knowledge[A]. Handbook of TPACK, 2016:11-32.

[5] 蔡敬新，邓峰．“技术 - 教学 - 学科知识”(TPACK) 研究：最新进展与趋向 [J]. 现代远程教育研究，2015，18(3):9-18.

[6] Niess M L. Preparing teachers to teach science and mathematics with technology: Developing a technology pedagogical content knowledge[J]. Teaching & Teacher Education, 2005,21(5):509-523.

体内容如下。①信息技术与外语教学整合的整体观念：主要考察教师对信息技术与学科整合目标的看法和认识，包括是否在学科教学中整合信息技术、信息技术能为学科教学带来哪些优势等。②信息技术与外语教学整合的教学策略和呈现形式知识：主要考察教师利用信息技术开展教学所需具备的教学知识，如在教学中如何有效使用信息技术，以何种方式呈现教学内容等。③信息技术与外语教学整合的学生知识：主要考察教师对信息技术能否促进学生理解和学习学科内容的认识，如技术环境下学生学习的特点、学生存在的误区和困难等。④信息技术与外语教学整合的课程和课程材料知识：主要考察教师对信息技术与学科教学整合的课程和课程材料知识的设计和识别，如信息技术对课程目标和内容等将产生什么影响、哪些技术资源可作为课程材料等。该研究关注特定学科教师，但主要针对一般的信息技术，无法为慕课等新技术的应用提供更具体的指导。[1]

近年来，PCK 要素研究有了较大进展，尤其关注 PCK 的特征及 PCK 要素间关系的本质和特征。Park 和 Oliver 等基于 Grossman、Tamir 和 Magnusson[2] 等的研究，提出科学教师的 PCK 包含 5 个要素：①对科学教学的定位，指教师对不同年级科学教学的目的和目标的信念；②学生对科学的理解，指教师对学生感到难学的科学概念或主题、学生学习特定学科知识的先前知识、与学生发展特定学科主题知识相关的学习方法的差异等的认识，包括学生对特定主题已形成的概念、面临的学习困难、学习动机、能力差异、学习风格、学习兴趣、发展水平、需求等；③科学课程知识，指教师关于适合特定学科教学的课程材料以及学科的平行和垂直课程等方面的，这类知识能让教师鉴别核心概念、修改活动、排除对目标概念的理解不重要的内容；④科学教学的教学策略和表征方面的知识，分为特定学科的教学策略（教师头脑中与科学教学目标一

[1] 张凤娟．大学英语教师 TPACK 特点及其发展研究 [J]. 中国电化教育，2015，(5):124-129.

[2] Magnusson S, Krajcik J, Borko H. Nature, sources and development of pedagogical content knowledge for science teaching[M]// Gess-Newsome, J. & Lederman, N. G. Examining pedagogical content knowledge: The construct and its implications for science education. Boston:Kluwer, 1999:95-132.

致的一般教学方法，如学习循环、概念转变策略、探究学习等）、特定主题的策略（科学领域特定主题所用的特定教学策略）；⑤科学学习评估知识，包括值得评估的科学知识及评估方法知识，即评估什么及如何评估。[1]

Park 和 Oliver 进而通过案例研究，建构了科学教学 PCK 六边形模型，并指出了 PCK 的 4 个特征：① PCK 是在给定教学情境下通过行动中反思和行动后反思而形成的；②教师效能感是 PCK 的一个情感分支；③学生是影响 PCK 发展的一个重要因素，PCK 受学生的提问、批判性思维、语言或非语言回应、学习证据等的影响，尤其是学生的困惑在教师形成 PCK 的过程中扮演重要角色，教师只有掌握了学生在学习特定主题时的认知和情感状态，才能应用教学法调整相应程序，促进学生学习；④ PCK 的某些方面是独特的。

Park 和 Chen 进一步探究了 PCK 要素之间关系的特征和本质，研究发现：① PCK 要素整合是独特的、有特定主题的；②学生对科学的理解的知识、科学教学策略和表征知识是 PCK 要素整合的核心；③科学课程知识及科学学习评估知识与其他要素的联系有限；④科学学习评估知识与学生对科学的理解的知识、科学教学策略知识和表征知识有较多联系；⑤科学教学定位通过阻碍各要素的联系，决定科学教学策略知识和表征知识。他们进而重新安排了 PCK 要素（见图 2-3）。[2]

---

[1] Park S, Oliver J S. Revisiting the Conceptualisation of Pedagogical Content Knowledge (PCK): PCK as a Conceptual Tool to Understand Teachers as Professionals[J]. Research in Science Education, 2008, 38(3):261-284.

[2] Park S, Chen Y C. Mapping out the integration of the components of pedagogical content knowledge (pck): examples from high school biology classrooms[J]. Journal of Research in Science Teaching, 2012,49(7):922-941.

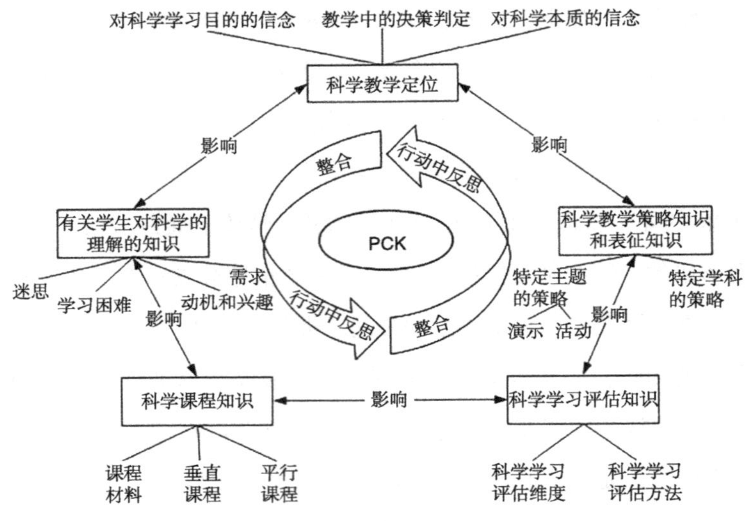

图 2-3　PCK 要素

Aydin 等强调教师不但应该对 PCK 的所有要素有清晰的理解，而且为了在特定情境中为特定学生群体更有效地规划教学，必须以连贯的方式将这些要素整合为 PCK。Aydin 等还进一步细化并界定了 PCK 各要素之间的 10 组关系。[1]

综上，很多研究指出 TPACK 支持教师教学，但少有研究关注教师，尤其是高校教师如何在教学实践中发展 TPACK。同时，已有的 TPACK 定义仍较为宽泛，涉及教师对学科内容、教学法和技术之间的相互作用的理解，这使 TPACK 的指导作用仅停留在教师设计工作之初，对具体设计过程的支撑力量显得十分微弱[2]，所以我们还需结合其他教育理论进一步细化 TPACK 的定义。可行的路径有以下两条。一是整合教师知识发展的新取向以及上文提及的关于 PCK 要素及要素间关系的最新研究，进一步丰富 TPACK 的内涵；二是整合关于在线教育、技术在教育中的应用的最新研究，例如，Papanikolaou 等发现

[1] Aydin S, Demirdogen B, Akin F N, et al. The nature and development of interaction among components of pedagogical content knowledge in practicum[J]. Teaching and Teacher Education, 2015(46):37-50.

[2] 全美教师教育学院协会创新与技术委员会．整合技术的学科教学知识：教育者手册 [M]. 任友群，詹艺，译．北京：教育科学出版社，2011:3-29.

TPACK 与探究社区模型中的认知存在相关性，建议整合 TPACK 和探究社区两个框架，进一步精细化针对不同情境、不同受众的 TPACK，并使用探究社区模型预测和评价在线学习情境下意义的联合建构。[1]

近年来，我国越来越多教师参与慕课教学，慕课教学主要依赖网络资源和信息技术进行教学和学习，这为高校教师发展并整合技术、教学法和学科内容提供了契机。本研究重点考察高校教师在参与慕课教学的过程中 TPACK 的发展。这里的 TPACK 也是一种实践性知识，可以用教师实践性知识的相关理论解释 TPACK 的发展及结果。本研究有助于丰富教师实践性知识理论和研究，补充说明技术对教师实践性知识的影响，以及增加对高校教师实践性知识的关注。

第三节 整合技术的教学实践与高校教师 TPACK 发展

有关我国教师技术使用的实证研究显示，我国教师技术使用有限，且很少将技术用于以学生为中心的活动。[2] 近年来兴起的慕课教学等在线教学实践为我国高校教师提供了使用信息技术开展教学、发展 TPACK 的契机。

一、慕课教学与高校教师 TPACK 发展

近年来，教育领域，尤其是教育技术领域的学者对慕课设计和实施质量的质疑不绝于耳，具体体现在以下两个方面。①在慕课设计方面，缺乏教学设

[1] Papanikolaou K, Makri K, Roussos P. Learning design as a vehicle for developing TPACK in blended teacher training on technology enhanced learning[J]. International Journal of Educational Technology in Higher Education, 2017, 14(1):34.

[2] Liu H, Wang L, Koehler M J. Exploring the Intention-behavior Gap in the Technology Acceptance Model: A Mixed-methods Study in the Context of Foreign-language Teaching in China[J]. British Journal of Educational Technology, 2019,50(5).

计，包括普遍不重视学习目标设计；学习路径单一，学习者主要通过“观看微课程 + 测验 + 在线讨论”的方式开展学习活动；学习评价主要采用测验的评价方式；不注重学习目标、学习评价、学习活动和学习资源的内在关联性[1]，且尚未关注学习者的最终学习结果[2]。②在慕课实施方面，缺少教学过程管理[2]，学习过程无强制性，学习者容易作弊[3]；互动形式主要是发帖，形式简单、效果差，绝大多数互动盲目、无序，且互动结果无法得到权威确认；师生关系松散。这些调查和评论表明，参与慕课教学的高校教师大多沿袭传统课堂讲授方式，尚未对如何利用信息技术开展慕课教学形成较深入的认识。这也说明高校教师在整合技术的教学实践中，TPACK 发展是难点。因此，我们有必要从高校教师的视角探究其在整合技术的教学实践中 TPACK 发展的过程。

国外一些研究者从高校教师利用技术开展慕课教学的动机、面临的挑战和经历等方面展开研究，为慕课教学研究提供了高校教师的视角。其中，高校教师在慕课教学过程中面临的挑战如下。

（1）任务常发生变化且需要投入大量时间和精力[4][5][6]，包括前期规划、创建慕课、管理协作，以及在课程实施过程中在场并不断为学习者提供反馈，面对挑剔的学习者，还包括重新设计学分课程以充分利用慕课资源[7]。参与慕课分散了高校教师在指导博士生、针对校内学生的教学、开展研究项目等方面的注意力，很多高校教师并不认为自己能应对如此多的匿名学习者，有些高校

---

[1] 李胜波，陈丽，郑勤华．中国 MOOCs 课程设计调查研究 [J]. 开放教育研究，2016，22(2):46-52.

[2] 胡钦太．回归本源：促进信息技术与高等教育教学的深度融合 [R]. 第二届高等教育信息化校长高峰论坛，2017.

[3] 刘世清，李娜．成功 MOOC 的基本条件与应对策略 [J]. 教育研究，2015(1):122-127.

[4] Evans S, Myrick J G. How MOOC instructors view the pedagogy and purposes of massive open online courses[J]. Distance Education, 2015,36(3):295-311.

[5] Hew K F, Cheung W S. Educational Review. 2014:45-58.

[6] Zheng S, Wisniewski P, Rosson M B, Carroll J M. Ask the instructors: Motivations and challenges of teaching massive open online courses[C]// Proceedings of the 19th ACM Conferenceon Computer-Supported Cooperative Work & Social Computing. New York: Association for Computing Machinery, 2016:206-221.

[7] Hollands F M, Tirthali D. Resource Requirements and Costs of Developing and Delivering MOOCs[J]. International Review of Research in Open & Distance Learning, 2014,15(5):113-133.

教师甚至放弃参加论坛讨论。

（2）教学策略和学习评估方面的挑战，例如录制视频时缺乏学习者的及时反馈[1]，学习者的教育与文化背景差异大、[2]在线论坛参与率低，高校教师难以为大量学习者提供个性化的和有意义的反馈[3]，难以设定测验或作业难度，以及难以评价学习者的学习结果等。

（3）使用新平台时面临技术局限，例如，Coursera 平台和 edX 平台的论坛系统难以支持对大规模学习者进行评价。

（4）整体缺乏支持[4]，且高校现行教育教学政策难以适应新发展[5]。

我国高校教师在慕课教学过程中也面临教学能力匮乏[6]、缺乏专业发展支持系统[7]、负荷过重等挑战。其中，所需教学能力涉及教学设计，信息素养，学习、传播及创新知识等；负荷包括备课时的视频制作、编辑及翻译，课中的课程信息维护等。

高校教师在慕课教学过程中还面临着教学策略、新的协作模式等诸多方面的挑战。有研究表明，慕课教学的组织、评估、文化因素、质量控制和教学法等会对高校教师的教学实践产生影响，[8]慕课教学经历可促进高校教师的专业发展。[9]

---

[1] Hew K F, Cheung W S. Students' and instructors' use of massive open online courses (MOOCs): Motivations and challenges[J]. Educational Research Review, 2014(12):45-58.

[2] Evans S, Myrick J G. How MOOC instructors view the pedagogy and purposes of massive open online courses[J]. Distance Education, 2015,36(3): 295-311.

[3] Haavind S, SisTK-Chandler C. The emergent role of the MOOC instructor: A qualitative study of trends toward improving future practice[J]. International Journal on E-Learning, 2015(14):331–350.

[4] Zheng S, Wisniewski P, Rosson M B, et al. M.Ask the instructors: Motivations and challenges of teaching massive open online courses[A]. In Proceedings of the 19th ACM Conferenceon Computer-Supported Cooperative Work & Social Computing [C]. New York, NY: Association for Computing Machinery (ACM), 2016:206-221.

[5] 陈晓清 . 技术联姻教育： edX 网络课程的创建、运行与挑战 [J]. 江苏高教，2014(2):77-80.

[6] 宋灵青 . MOOC 时代教师面临的挑战与专业发展研究 [J]. 中国电化教育，2014(9):139-143.

[7] 汪基德，冯莹莹，汪滢 . MOOC 热背后的冷思考 [J]. 教育研究，2014，35(9):104-111.

[8] Lowenthal, P, Snelson C, Perkins R.Teaching Massive, Open, Online, Courses (MOOCs): Tales from the Front Line[J]. The International Review of Research in Open and Distributed Learning, 2018: 19(3).

[9] Hollands F M, Tirthali D. Resource Requirements and Costs of Developing and Delivering MOOCs[J]. International Review of Research in Open & Distance Learning, 2014,15(5):113-133.

首先，慕课设计与教学大多是团队努力的结果。大多数慕课是由团队开发的或者是由团队教授的，强调前期规划、澄清角色和责任。慕课设计过程中系统的、基于研究的教学支持有助于促进高校教师的课程规划并加深其对教学设计过程的理解。[1] 其次，慕课学习者的多元化、国际化有助于促进教学相长。[2] 因此，慕课教学为高校教师提供了反思自己的教学方法、思考和应用其他教学方法的机会。例如，Najafi 等通过对多伦多大学参与慕课教学的 8 位教师进行访谈，发现拥有多年教学经验的高校教师在慕课教学过程中，通过与教学设计人员协作，甚至与不同背景和专业的人士组成课程设计团队，反思自己的教学方法。

慕课教学对高校教师的校内教学也会产生影响。Patrick 等指出慕课对高校教师的其他课程具有溢出效应，会促使高校教师反思如何进行面对面课堂教学。[3] 一些高校教师则进一步付诸行动，在面对面课堂教学中使用慕课资源或整合慕课教学中所用的经常性反馈、讨论、同伴互评等教学策略，增加学生主动学习的机会。有些高校教师甚至重新设计了教学实践或对校内学分课程进行了再设计，[4] 例如利用慕课开展翻转或混合学习。我国慕课教师在相关反思文章中也提到慕课教学使其不断改进校内教学，使校内教学更加贴近学生的心理和需求 [5]，帮助学生用更好的方式有效地学习，包括丰富学习活动，课上减少讲授时间、增加讨论时间 [6]；学生学习时间增多，普遍观看 1~2 次视频：学生的学习压力变大， 20~30 分钟一次的讨论迫使学生认真听讲、积极思考，并针

[1] Najafi H, Rolheiser C, Harrison L, et al. University of Toronto instructors' experiences with developing MOOCs[J]. International Review of Research in Open and Distributed Learning, 2015,16(3):233-255.
[2] 高歌．"生物信息学" MOOC 课程建设有感 [J]. 工业和信息化教育，2014(11):53-57.
[3] Patrick L, Chareen S, Ross P. Teaching Massive, Open, Online, Courses (MOOCs): Tales from the Front Line[J]. The International Review of Research in Open & Distributed Learning, 2018,19(3).
[4] Hollands F M, Tirthali D. Resource Requirements and Costs of Developing and Delivering MOOCs[J]. International Review of Research in Open & Distance Learning, 2014, 15(5):113-133.
[5] 俞敬松."计算机辅助翻译原理与实践"在"学堂在线"实现 MOOC 教学有感 [J]. 工业和信息化教育，2014(11):68-74.
[6] 王左利．MOOC：教师分化临界点 [J]. 中国教育网络，2013(11):57.

对问题搜集资料、思考解决方案，从而提高了课堂学习效率[1]。

上述研究初步描述了慕课教学对高校教师教学知识的影响，尚未深入探讨高校教师教学知识发展及过程，尤其是未对高校教师在慕课教学过程中的TPACK 发展开展深入的实证研究。

二、在线教学与高校教师 TPACK 发展

慕课作为一种新的在线教学形式，具有在线教学的特征。考虑到目前关于高校教师在慕课教学中 TPACK 发展的研究较少，本研究对在线教学及其对高校教师专业发展的影响也进行了梳理。

早在 21 世纪初，即国际在线教学第一波发展浪潮期间，国际上很多高校教师就开始参与在线教学。在开展在线教学的过程中，教师面临教学任务及教学策略的变化，从而引发了工作强度的增大、教师角色的变化，但对教师来说，参与在线教学也是一个专业发展机会。例如，De Gagne 和 Walters 应用质性研究元分析方法，对 9 项质性研究进行了综合分析，发现教师在线教学体验的本质包括工作强度、角色变化、教学策略和专业发展。[2] 类似地，Chiasson 等通过探索 10 位高校教师对在线课程开发和教学经历的感知，从规划、实施和反思 3 个方面提取了 7 个主题：在线课程开发过程中获得的技术支持、教师的时间投入（Time Commitment）、教师的角色、在线课程所用的教学策略、教学调整、同步或异步教学、教师的自信和控制。[3]

在线教学使教师从负责挑选内容、通过讲座传输内容、评价学生对内容的理解程度，转变为促进者，即有时是“讲坛上的哲人”，有时是“身边的指导

---

[1] 俞劲松.“计算机辅助翻译原理与实践”在“学堂在线”实现MOOC教学有感[J]. 工业与信息化教育，2014(11):68-74.

[2] De Gagne J C, Walters K. Online teaching experience: A qualitative metasynthesis (QMS). Journal of Online Learning and Teaching, 2009, 5(4):577-589.

[3] Chiasson K, Terras K, Smart K. Faculty Perceptions Of Moving A Face-To-Face Ccurse To Online Instruction[J]. Journal of College Teaching and Learning, 2015,12(3):321.

者”，有时是介于二者之间的积极协调角色[1]76，但其核心是必须足够重视教学存在，同步考虑社会存在和认知存在，具有教育性目标。由此，在线教学可以分为课程设计阶段和课程传输阶段。

课程设计阶段的任务包括教学设计和组织课程，具体包括设置课程（如建立课程材料等）、设计方法（如讲座讲义再利用、微讲座、个人洞见、课程内容的其他定制化观点等）、设计和管理小组活动及个人活动、建立时间表（如小组活动和项目的时间表等），以及建立“礼节”（如提供指南和窍门，展现合适的礼节和有效使用媒体等）。[1]71-86

在师生不在场的情况下，教师在课程传输阶段需要通过各种类型的交互实现教与学的再度整合。这些交互由教学内容塑造和引导，教师的任务是管理学习者在在线环境中的学习。课程传输阶段的任务包括促进讨论，具体涉及定期阅读和评论学习者的发帖内容；建立和维持讨论，创建和维持社会存在；鼓励、认可或强化学习者的贡献；设定学习的氛围；每个学习者明确学习义务；达成双方商定的学习目标；支持和鼓励学习者做出回应；吸引不太积极的参与者；评估过程的有效性[1]71-86。教师在课程传输阶段的参与时长和深度不同于面对面教学，前者涉及较大的认知投入和情感投入。[2] 认知投入策略包括使课堂聚焦、辅助学习者开展全面的讨论、保持与学习者的讨论、形成对学习者形象的理解。由于缺乏肢体语言、眼神交流、声音等信息，在线教师在与学习者在线交互时需要使用情感投入策略，在情感上与学习者产生联系。相应的情感投入策略包括提供及时反馈、区分管理和个人交互、定期与学习者联系，从而营造一种互相信任和尊敬的氛围、使学习者移情参与、引导学习者学习内容、为学习者提供鼓励和支持。

完全依赖信息技术开展在线教学给教师带来了在做中学的机会，这一学习

---

[1] 兰迪·加里森，特里·安德森 . 21 世纪的网络学习：研究与实践框架 [M]. 丁新，译 . 上海高教电子音像出版社，2008.

[2] Conceição S C O. Faculty lived experiences in the online environment [J]. Adult Education Quarterly, 2006,57(1):26-45.

机会与教师在线教学满意度显著正相关。[1] 例如，在线教学使教师可以更好地了解学习者，而且可以通过与学习者交互获得知识[2]；鼓励教师考虑其他的教学和学习观点，反思、调整自己的教学和评估方式等[1]，甚至重新思考和反思如何以新的方式进行课程传输。

此外，在线教学经历将影响教师的课堂教学。例如，在线教学中学习者在线参与度的提高、学生作业的可视化等鼓励教师对其课堂教学进行再思考，教师会对技术及如何将其整合到课堂教学中有更好的理解[3]。教师会重新设计校内课堂教学内容，包括在课堂教学中增加使用讨论方法、教学视频资源的次数，以及提高利用社交媒体与学习者沟通的频率等。[4]

综上所述，已有研究只是笼统地描述了慕课教学或在线教学对教师的影响。从课堂教学到慕课教学，对于教师来说也是一个学习过程，他们会直接面对如何整合技术、教学法和学科内容的问题。实践和研究均表明，仅从技术角度难以推动教师主动将技术整合到教学中。有研究者建议，教师需要超越单纯的在线技术使用，参与教学法探究，即在在线教学中考虑技术、教学法和学科内容的复杂关系。通过将技术整合到教学法中，教师可以经历从考察在线技术的教学潜力到在自身的内容领域建构在线学习经历的转化过程。[5] Koehler 等也指出需要关注教师的自主性，将教师看作设计者，尤其是在技术快速发展的背景下。随着越来越多的高校及教师参与慕课教学，如何及时总结教师所构建的慕课教学实践性知识，帮助教师更全面地认识慕课的可供性和局限性，充分

---

[1] Peter S, Alexanda P, Li C S. Increasing access to higher education: A study of the diffusion of online teaching among 913 college faculty [J]. International Review of Research in Open & Distance Learning, 2005,6(2):27.

[2] Conceição S C O. Faculty lived experiences in the online environment[J]. Adult Education Quarterly, 2006,57(1):26-45.

[3] Peruski L, Mishra P. Webs of activity in online course design and teaching[J]. Research in Learning Technology, 2004,12(1).

[4] Håklev S. The Chinese national top level courses project: Using open educational resources to promote quality in undergraduate teaching (Unpublished master's thesis)[D]. University of Toronto, Canada, 2011.

[5] Baran E, Correia A P, Thompson A. Transforming online teaching practice: critical analysis of the literature on the roles and competencies of online teachers[J]. Distance Education, 2011,32(3):421-439.

发挥教师的主动性，提高慕课教学的质量，是当前亟待探讨的问题。[1] 然而，已有的相关研究未从发展的观点探讨我国高校教师慕课教学经验的发展，都是直接针对其所设计的慕课进行分析。每个高校教师的教学设计都来源于时间经验的累积，关于过往的教学经验如何转化为慕课，这部分没有太多文献可供研究，因此，我们有必要从慕课教师的视角了解他们是如何设计和实施慕课的，以及慕课教学对教师知识发展有何影响。因此，本研究从高校教师的视角，尤其是从那些勇于创新的高校教师的视角出发，考察高校教师在慕课教学中如何整合技术、教学法和学科内容，如何解决在整合过程中所面临的问题，从而为推动技术与教学整合领域理论和实践的对话，以及更好地推动高校教师在教学实践中发展 TPACK 提供参考。

第四节　高校教师 TPACK 发展分析框架

本研究基于 PCK 要素、TPACK 框架知识成分和要素的已有研究，形成慕课教学情境下 TPACK 框架知识成分、要素及要素间关系的界定，以期全面、深入地分析高校教师在慕课教学过程中的 TPACK 发展，从而为推进高校教师 TPACK 发展提供可参考的、基于实证研究结果的依据。

一、TPACK 框架各知识成分

本研究尝试探索高校教师在面对新技术时，其 TPACK 框架各知识成分对

[1] Rosenberg J M, Koehler M J. Context and technological pedagogical content knowledge (tpack):a systematic review[J]. Teachers College Record, 2015,108(6):1017-1054.

TPACK 发展的贡献。参考 TPACK 框架各知识成分的代表性定义[1][2][3][4]，本研究中 TPACK 框架各知识成分的定义如下。

（1）学科内容知识（Content Knowledge，CK）是指教师所教授的特定学科内容知识。

（2）教学法知识（Pedagogical Knowledge，PK）是指教师拥有的一般的而不是特定学科的、与教学相关的知识和技能，如教师有关学习理论、教学原则和课堂管理及相关策略的知识和技能等。

（3）学科教学知识（Pedagogical Content Knowledge，PCK）是指有关如何组织、表征特定主题、问题或议题，并在教学中呈现的适应学习者的不同兴趣和能力的知识。

（4）技术知识（Technology Knowledge，TK）是指有关可以被整合到课程中的技术的知识。

（5）整合技术的学科知识（Technological Content Knowledge，TCK）是指有关技术如何帮助特定学科内容表征的知识。

（6）整合技术的教学知识（Technological Pedagogical Knowledge，TPK）是指有关以适当的教学方式使用技术的知识。

（7）整合技术的学科教学知识（Technological Pedagogical Content Knowledge，TPACK）是指教师为促进学生理解及应用学科内容，融合 CK、PK、TK、PCK、TCK、TPK，形成的对整合技术的教学策略、评估知识、有关学生的知识、课程知识，以及学科教学统领观念及其相互关系的理解。

[1] 蔡敬新，邓峰．“技术 - 教学 - 学科知识”(TPACK) 研究：最新进展与趋向 [J]. 现代远程教育研究，2015，18(3):9-18.

[2] Cox S, Graham C R. Diagramming TPACK in practice: Using an elaborated model of Diagramming TPACK in practice: Using an elaborated model of the TPACK framework to analyze and depict teacher knowledge[J]. TechTrends, 2009,53(5):60–69.

[3] Tseng J J, Cheng Y S, Yeh H N. How pre-service english teachers enact tpack in the context of web conferencing teaching: A design thinking approach[J]. Computers & Education, 2019(128):171-182.

[4] 全美教师教育学院协会创新与技术委员会．整合技术的学科教学知识：教育者手册 [M]. 任友群，詹艺，译．北京：教育科学出版社，2011:3-29.

二、TPACK 要素

仅关注 TPACK 框架各知识成分还难以了解 TPACK 的丰富内涵，本研究进一步对 TPACK 要素的相关研究进行综述。基于 PCK 要素[1][2][3]、TPACK 要素[4][5]，并结合黛安娜·劳里劳德[6]对学习活动的分类，本研究对慕课教学情境下的 TPACK 要素进行了界定。

（1）整合技术的学科教学统领观念（Overarching Conception Of Teaching the Subject With ICT，OCTSI）。它是指教师对整合技术的学科教学目的和目标的认识。

（2）整合技术的教学策略知识（Knowledge Of Instructional Strategies With ICT，KISI）。它是指教师有关帮助学生理解特定学科主题的整合技术的活动和表征方面的知识。[7] 其中，技术转变学科内容表征的方式包括提供视觉表征、多通道表征或互动表征。[8] 本研究借鉴了黛安娜·劳里劳德的分类体系，将学习活动分为获取型、探究型、实践型、生产型、讨论型、协作型。[9] 其中，

---

[1] Park S, Oliver J S. Revisiting the Conceptualisation of Pedagogical Content Knowledge (PCK): PCK as a Conceptual Tool to Understand Teachers as Professionals[J]. Research in Science Education, 2008, 38(3): 261-284.

[2] Park S, Chen Y C. Mapping out the integration of the components of pedagogical content knowledge (pck): Examples from high school biology classrooms[J]. Journal of Research in Science Teaching, 2012,49(7):922-941.

[3] Aydin S, Demirdogen B, Akin F N, et al. The nature and development of interaction among components of pedagogical content knowledge in practicum[J]. Teaching and Teacher Education, 2015(46): 37-50.

[4] Niess M L. Preparing teachers to teach science and mathematics with tehnology: Developing a technology pedagogical content knowledge[J]. Teaching & Teacher Education, 2005,21(5):509-523.

[5] 张凤娟 . 大学英语教师 TPACK 特点及其发展研究 [J]. 中国电化教育， 2015(5):124-129.

[6] 黛安娜·劳里劳德 . 教学作为一门设计科学构建学习与技术的教育学范式 [M]. 金琦钦，洪一鸣，梁文倩，译 . 福州：福建教育出版社，2019:91-93.

[7] Magnusson S, Krajcik J, Borko H. Nature, sources and development of pedagogical content knowledge for science teaching[M]// Gess-Newsome, J. & Lederman, N. G. Examining pedagogical content knowledge: The construct and its implications for science education. Boston: Kluwer, 1999:95-132.

[8] Koehler M J, Mishra P, Yahya K. Tracing the development of teacher Knowledge in a design Seminar: Integrating content, pedagogy and technology [J]. Computer & Education, 2007,49(3):740-762.

[9] 黛安娜·劳里劳德 . 教学作为一门设计科学构建学习与技术的教育学范式 [M]. 金琦钦，洪一鸣，梁文倩，译 . 福州：福建教育出版社，2019:90-92.

前四种类型是个体学习，后两种类型是社会性学习。教师可在教学实践中组合这些学习活动类型，使之适用于情境。

获取型学习是指学习者阅读、聆听或观看教师的概念解释或示范行动，促使学习者调整自身概念，但不必生成任何行动或表达，如听讲座，阅读书籍、资料，观看视频，查看网络资源等。整合其他学习活动类型，可使获取型学习向探究型学习、实践型学习、生产型学习、讨论型学习和协作型学习拓展。

探究型学习是指学习者在教师的指导下，研究与所教概念和观念相关的文本、文档和资源，探索和比较概念和信息，调查和使用资源和数据，并利用调查发现表达变化的概念，如分析材料和数字资源、实地考察、利用虚拟现实技术等。

实践型学习是指学习者运用发展的概念改进行动，即将理论应用于实践，生成行动，达成目标，并根据反馈调整行动或概念。教师在其中的作用是建模环境，促使学习者生成行动，并提供内部反馈，如提供示范答案、样例、互动游戏、模拟和自适应模型等。学习者在适当的任务环境中，将概念转化为实践，评估完成目标的程度，并据此改进实践，进一步发展知识。这就要求教师“通过建模和结构复杂的行动”设计任务，且任务所需行动要在学习者的最近发展区内；提供充分的操练机会，“检验和改善学习者的行动”；“确保学习者从行动中获得有意义的内部反馈”，即“激发学习者解释结果，设法改善表现”。

生产型学习是教师激励学习者巩固所学知识的一种路径，学习者表达当前的概念理解及其在实践中的运用方式。例如，写文章可以激励学习者对文献进行探索和批判；写项目报告可以激励学习者从探究和实际工作中得出结论，并解释结论是如何产生的；创作设计或表演可以激励学习者以公开产出的方式展现自己的实践成果。

讨论型学习是指教师用问题或议题激励学习者生成观点和提出问题，促使学习者调整自身观念，产生和提出新的观点和问题，如小组讨论、研讨会、异步在线论坛和同步聊天等。

协作型学习包含实践型、生产型和讨论型学习，能促进学习者在概念和实践之间进行更多的迭代。教师在其中的作用是提供创造共享产出的手段，提供创造共同产品的任务目标，提供实践 / 建模环境以生成产出，如提供小组项目、建模环境中的小组任务、其他在线知识建构等。

此外，加里森等提出的探究社区模型为在线教学的设计、实施与评价提供了理论框架，可与 TPACK 整合。该模型关注在线学习的 3 个关键要素：①教学存在是指教师通过设计、促进、指导在线活动，帮助学习者实现个人意义的建构和获得有价值的学习成果；②社会存在是指学习者对课程学习共同体的认同，即学习者在充满信任的环境中进行有意义的交流以及通过个性特征的充分展示发展人际关系；③认知存在是指学习者通过持续交流和反思实现意义建构的程度。[1]

（3）有关学生的知识（Knowledge of Students，KoS）。Magnusson 等指出教师对学生的理解包括教师关于学生感到难学的科学概念或主题、学生学习特定学科知识应具备的知识、学生学习方法的差异等方面的知识，其中，学习难点包括抽象的、与学生日常经验缺乏联系的概念，学生在问题解决过程中不知道如何有效地思考问题、规划策略以找到解决方案，学生存在的迷思（学生的先前知识与概念相反）等。[2]Niess 等认为 TPACK 中有关学生的知识是指教师利用技术对学生在进行学科学习时的理解、思考和学习等的认识。[3]Koehler 等呼吁更多的研究关注技术如何帮助教师识别学生对特定学科内容的理解，而不仅仅是解答困惑或者理解有难度的概念。[4] 考虑到慕课学习者的规模化、差异化特征，在本研究中，有关学生的知识指教师对学生的先前知识、学习需求

---

[1] 冯晓英，孙雨薇，曹洁婷.“互联网 +”时代的混合式学习：学习理论与教法学基础[J]. 中国远程教育，2019(2):7-16+92.

[2] Magnusson S, Krajcik J, Borko H. Nature, sources and development of pedagogical content knowledge for science teaching[M]// Gess-Newsome, J. & Lederman, N. G. Examining pedagogical content knowledge: The construct and its implications for science education. Boston: Kluwer, 1999:95-132.

[3] Niess M L.Preparing teachers to teach science and mathematics with technology: Developing a technology pedagogical content knowledge[J]. Teaching & Teacher Education, 2005,21(5):509-523.

[4] Koehler M J, Mishra P, Yahya K. Tracing the development of teacher knowledge in a design seminar: Integrating content, pedagogy and technology[J]. Computer & Education, 2007,49(3):740-762.

和动机，以及学生使用技术学习时的特征、理解、思考等的认识。

（4）整合技术的评估知识（Knowledge of Assessment with ICT，KAI）。它是指教师有关整合技术的学科学习评估内容及其评估方法的知识。

（5）课程知识（Knowledge of Curriculum，KoC）。它是指教师有关整合技术的课程目的和目标、课程内容方面的知识。

三、TPACK 要素间关系

考虑到 PCK 要素间关系是 PCK 发展标志之一，[1] 本研究基于 Aydin 等提出的 PCK 要素间的 10 组关系，[2] 对高校教师参与慕课教学的过程中 TPACK 要素间关系进行分析（见表 2-1）。

表 2–1　TPACK 要素间关系

要素间关系	界定
KISI–OCTSI 关系	使用特定整合技术的教学策略达到学科教学目标和目的
KISI–KoS 关系	使用特定整合技术的教学策略解决学生的学习难点
KISI–KoC 关系	使用特定整合技术的教学策略实现特定课程目标
KISI–KAI 关系	基于评估反馈调整教学策略
KoS–KoC 关系	通过回顾课程中学生已学习和将学习的内容，考虑学生的学习难点
KoS–KAI 关系	使用不同的评估策略鉴别学生的学习难点
KoS–OCTSI 关系	基于学科教学目标和目的，考虑学生的学习难点
KoC–KAI 关系	使用不同的评估策略鉴别学生课程目标成就或揭示学生关于这一主题的已知内容
KoC–OCTSI 关系	基于学科教学目标和目的考虑特定课程的重点
KAI–OCTSI 关系	评估特定知识或技能，确定学生是否达到了学科教学目标或目的

[1] Park S, Chen Y C. Mapping out the integration of the components of pedagogical content knowledge (pck): Examples from high school biology classrooms[J]. Journal of Research in Science Teaching, 2012, 49(7): 922-941.

[2] Aydin S, Demirdogen B, Akin F, et al. The nature and development of interaction among components of pedagogical content knowledge in practicum[J]. Teaching and Teacher Education, 2015(46): 37-50.

关系分析是为了更加全面地分析高校教师慕课教学知识的不同层面，更加立体地展现高校教师在慕课开发和教学过程中知识发展策略的变化，更加全面地反映高校教师更适切地发展自我、提升自我。

综上，本章对教师知识发展新取向、TPACK 发展，以及慕课教学对高校教师 TPACK 的影响等方面的文献进行了系统梳理，发现已有的 TPACK 定义仍较为宽泛，本研究进而整合 PCK 要素及要素间关系、在线教育等方面的最新研究，从 TPACK 框架知识成分、要素及要素间关系等角度全面而深入地考察了慕课教学过程中教师 TPACK 的发展。

第三章

▼

研究思路与方法

本章主要介绍研究思路的形成过程、研究方法的选取和实施。

第一节 研究思路

21 世纪以来，针对网络时代新的教育现象，英美教育研究普遍采用“基于证据的教育”（Evidence-Based Education）研究路径，即不急于从理论出发进行演绎式论证，而是从积累的有效教学案例入手，先选择有效做法，再用归纳法推演出新的教育理念和网络教育管理模式。[1] 面对大规模、差异化的在线学习者，高校教师在慕课教学过程中面临教学策略等多方面的挑战。因此，针对慕课教学这一新生事物，本研究主要采取案例研究法，探究慕课教学情境下高校教师的 TPACK 发展。本研究的研究路线如图 3-1 所示。

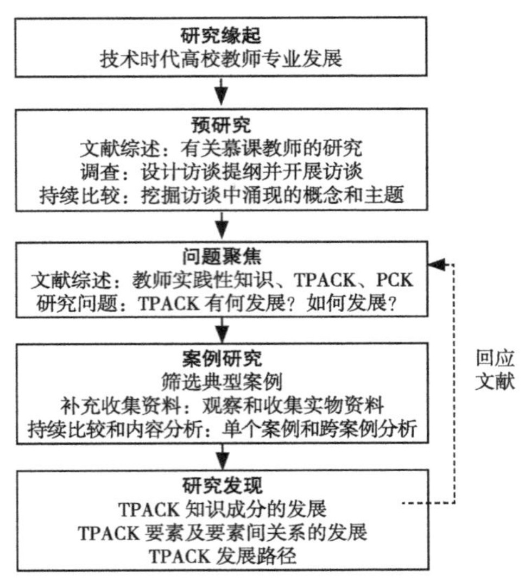

图 3-1 研究路线图

[1] 比尔·佩尔茨 . 我的网上教学三原则 [J]. 郭文革，译 . 开放教育研究，2007(6):30-38.

案例研究是指在某一时间段内深入研究具体的个人、进程或事件。[1] 其中，具体案例的选取是难点。本研究中具体案例的选择过程如下。

（1）设计访谈提纲：研究者首先基于有限的有关慕课教师研究的文献形成初步的访谈提纲，并就访谈题目和文字表达咨询 5 位在线教育专家的意见，然后形成访谈提纲（见附录三），旨在初步了解我国高校教师 TPACK 发展情境。

（2）第一轮访谈：2016 年 1 月—12 月，研究者先对 12 位慕课教师进行访谈，了解其 TPACK 发展情境，并对访谈内容进行编码，概括其中涌现的概念和主题。在此阶段，规划课程、视频教学、学习活动、学习支持、同伴互评、学习分析、组建团队、慕课定位等概念涌现。

（3）补充访谈：2017 年 1 月—2018 年 12 月，研究者又对 8 位慕课教师进行访谈，看是否有新的概念和主题涌现。在对 20 位高校教师进行访谈的基础上，本研究发现受访的慕课教师普遍重视组建团队，调整教学策略和学习评估，尤其是在视频录制方面投入较多人力和财力，但尚未充分整合学科内容、技术和教学法。

（4）选定案例：为了更深入地探究慕课教学情境下高校教师的 TPACK 发展，本研究从 20 位受访教师中筛选了 3 位资料较充分且其慕课受到学习者和同行好评的教师进行案例研究。3 位案例教师分别是 Y 老师、C 老师和 HY 老师。

在确定案例教师后，本研究进一步通过观察法收集 3 位案例教师的慕课数据，尤其是慕课设计、开发和实施方面的创新举措，学习者对慕课的反馈，并收集了 3 位案例教师有关慕课教学的反思笔记、受邀参加各类媒体访谈的视频或文本、公开发表的学术论文等实物资料。

基于从文献综述中提炼而成的高校教师 TPACK 发展分析框架，本研究对 3 位案例教师在慕课教学过程中 TPACK 知识成分、要素及要素间关系的发展

[1] 保罗 · D. 利迪 . 实证研究计划与设计 [M]. 吴瑞林，史晓晨，译 . 北京：机械工业出版社，2015:120.

进行了深入分析，尤其分析了高校教师TPACK发展的成功例子和不成功例子，探讨了高校教师的TPACK如何发展和为什么发展或不发展。

在对单个案例知识进行分析的基础上，本研究进而开展跨案例分析，比较3位案例教师的TPACK知识成分、要素及要素间关系发展的异同，并建构了高校教师TPACK发展路径。

第二节　研究方法

本研究主要通过深度访谈、观察法和实物资料收集法等方法收集数据，并采用扎根理论的持续比较法和内容分析法对收集的数据进行分析，以揭示我国高校教师在慕课教学过程中TPACK的发展情况。

一、深度访谈

深度访谈是本研究主要采用的资料收集方法。深度访谈是指针对一个具体问题，对“一个已经有相关经验的人”进行深入探究，研究者提出的系列问题“让研究对象以一种很少在日常生活中出现的方式描述和反思他们的经验，研究者在那里聆听、敏感地观察，并鼓励研究对象做出回应”。[1] 本研究根据数据收集需要进行目的抽样，先后对20位至少参与过一门慕课的设计和教学过程的高校教师进行深度访谈。本研究的深度访谈旨在探究高校教师的慕课教学经历及感知，访谈问题包括高校教师是如何参与慕课教学的，如何设计、开发和实施慕课教学的，如何应对慕课教学所面临的挑战，慕课学习者在学习过程中面临的挑战，慕课教学对教师教学和研究工作的影响等，访谈提纲详见附录三。

[1] 凯西·麦卡兹.建构扎根理论：质性研究实践指南[J].边国英，译.重庆：重庆大学出版社，2009:34-36.

深度访谈历经3个阶段：第一阶段，2016年1月—12月，研究者对12位从事慕课教学的我国高校教师进行深度访谈，分析访谈文本，概括涌现的概念和主题，形成对高校教师从课堂教学到慕课教学转化的初步了解；第二阶段，2017年1月—12月，研究者对2位高校教师进行访谈，进一步梳理高校教师慕课教学的情境与过程；第三阶段，2018年对来自更多学科的6位高校教师进行访谈，看是否有新的概念和主题涌现。

20位接受访谈的高校教师年龄为33~59岁，来自18所高校，高校类型涉及“985”高校（9所）、“211”高校（2所）、省属院校（6所）、开放大学（1所），涵盖管理学（1人）、理学（2人）、医学（1人）、工学（2人）、文学（7人）、教育学（7人）等多个学科（见表3-1）。在访谈过程中，研究者根据研究对象的情况，采用面对面访谈、电话访谈、在线访谈、邮件访谈等多种方式进行访谈。其中，面对面访谈和电话访谈的时间均在1小时以上。研究者在征得研究对象同意的情况下全程录音，并在访谈结束之后及时将其整理成文字。本研究整理形成的访谈文稿约30万字。

表3-1 受访教师基本信息

编号	性别	年龄（岁）	职称	院校	省市	学科（专业）	访谈方式及时长
W老师	女	51	教授	“985”高校	北京	教育学	Skype访谈约1小时
L老师	男	53	副教授	“211”高校	四川	管理学	电话访谈1小时
P老师	男	50	副教授	“985”高校	上海	医学	面对面访谈2小时
Y老师	女	51	副教授	“985”高校	北京	文学（英语）	邮件访谈+面对面访谈2小时
B老师	女	43	教授	“211”高校	上海	文学（英语）	面对面访谈1.5小时
T老师	女	39	副教授	“985”高校	上海	教育学	面对面访谈1小时
C老师	女	38	讲师	“211”高校	上海	文学（英语）	面对面访谈2小时
J老师	女	33	副教授	“985”高校	北京	工学（计算机）	面对面访谈约2.5小时

续表

编号	性别	年龄（岁）	职称	院校	省市	学科（专业）	访谈方式及时长
Q 老师	女	59	教授	“985”高校	甘肃	工学（化学）	电话访谈约 1 小时
H 老师	女	41	副教授	“985”高校	上海	工学（物理）	面对面访谈 1.5 小时
Z 老师	女	45	副教授	“985”高校	北京	教育学	邮件访谈
G 老师	男	40	教授	省属院校	山东	文学（英语）	电话访谈 1 小时
S 老师	女	51	副教授	省属院校	深圳	教育学	面对面访谈 1 小时
U 老师	女	53	副教授	省属院校	深圳	教育学	面对面访谈 1 小时
SZ 老师	女	45	副教授	省属院校	北京	教育学	邮件访谈
ZT 老师	女	42	副教授	“985”高校	湖南	文学（英语）	邮件访谈
HL 老师	女	47	副教授	省属院校	山东	工学（计算机）	邮件 + 面对面访谈 2 小时
DG 老师	女	44	副教授	“985”高校	辽宁	文学（英语）	邮件访谈
WL 老师	女	42	副教授	省属院校	湖南	教育学	邮件访谈
HY 老师	男	46	副教授	开放大学	北京	文学（英语）	邮件访谈

二、观察法和实物资料收集法

在深度访谈的基础上，本研究从 20 位受访教师中选择了 3 位受到学习者和同行好评的教师进行案例研究，以深入描述和分析 3 位案例教师的慕课教学过程及其 TPACK 发展过程。本研究通过观察法研究 3 位案例教师的慕课，收集其慕课设计、开发和实施方面的创新举措、学习者对慕课的反馈等方面的资料；本研究还收集了 3 位案例教师被各类媒体报道的视频或文本、公开发表的学术论文，共计收集 36 份资料（见表 3-2）。

表 3–2　实物资料收集

案例教师	媒体报道（篇）	公开发表的学术论文（篇）	学生调查及反馈（份）	总计（份）
Y 老师	6	10	1	17
C 老师	1	2	1	4
HY 老师	3	2	10	15

通过观察法和实物资料法收集获得的数据一方面可用于验证访谈内容，以实现对多种资料来源的三角互证；另一方面可用于丰富访谈内容，描述和分析3 位案例教师在慕课教学过程中 TPACK 要素及要素间关系的发展过程。

三、持续比较法

本研究采用扎根理论的持续比较法对所收集的资料进行分析。持续比较法是指对事件与事件进行比较，从而对资料进行分类，并将其汇聚到不同层次的概念之下。[1] 本研究对访谈获得的资料不断进行比较，然后归类，资料涉及慕课定位、教师的先前知识、慕课设计（规划课程、录制视频、设计活动、设计评估）、学习支持（答疑、互动）、学习分析（定量分析、定性分析）、组建团队等主题（编码示例详见附录二）。这些主题描绘了高校教师 TPACK 发展情境。

四、内容分析法

内容分析法是指通过详细、系统地审查特定资料的内容，从中分析出某些固定的模式、主题或偏差的研究方法。[2] 本研究基于文献综述阶段建构的分析框架，对通过访谈、观察、实物资料收集等途径收集的资料开展内容分析，全面、深入地探究 3 位案例教师的 TPACK 发展过程和结果。内容分析包括两个阶段。

[1] 朱丽叶・M. 科宾，安塞尔姆・L. 施特劳斯 . 质性研究的基础：形成扎根理论的程序和方法 [M]. 朱光明，译 . 重庆：重庆大学出版社，2015:80-81.

[2] 保罗・D. 利迪 . 实证研究计划与设计 [M]. 吴瑞林，史晓晨，译 . 北京：机械工业出版社，2015:127-128.

（1）单案例分析：对 3 位案例教师的 TPACK 知识成分、TPACK 要素及 TPACK 要素间关系发展结果及发展过程分别进行分析。

本研究首先根据文献综述阶段形成的 TPACK 知识成分、TPACK 各要素及 TPACK 要素间关系，对通过访谈、观察、实物资料收集等数据收集方式获得的数据进行分析，分别获得 3 位案例教师的 TPACK 知识成分、TPACK 要素及 TPACK 要素间关系的发展情况，包括 TK、TPK、TPACK 的发展，以及 KISI、KAI、KoS、KoC，以及 OCTSI 等 TPACK 要素及其相互关系的发展。为了保证研究的信度和效度，研究者在撰写完每个案例之后，还请案例教师通读案例，查看内容表述是否符合事实。

在研究过程中，本研究发现高校教师在慕课设计和教学过程中生成新的 KISI 最明显，进而深入探究 3 位教师 KISI 发展的成功例子和不成功例子，[1] 加深对 TPACK 如何发展和为什么发展或不发展的理解。

（2）跨案例分析：比较 3 位案例教师在 TPACK 知识成分、TPACK 要素及 TPACK 要素间关系等方面的 TPACK 发展过程和结果的异同，并提炼核心驱动因素、发展途径，形成高校教师 TPACK 发展路径。

[1] Chan K K H, Yung B H W. On-site pedagogical content knowledge development[J]. International Journal of Science Education, 2015,37(8):1246-1278.

第四章

高校教师 TPACK 发展情境

21 世纪以来，我国教育部门一直在推动利用在线教育实现高校间的教学资源共享，提高高校教学质量，例如我国先后推动了精品课程、视频公开课等的发展。然而，大多数参与精品课程、视频公开课等的高校教师仅将教学资源数字化，并没有有效应用这些资源开展教学，相应地，高校教师 TPACK 发展并不明显。慕课的兴起进一步提高和扩大了高校优质课程的开放程度及其在教育教学中的应用范围。在政府和高校的推动下，更多的高校教师开始参与慕课教学，这为高校教师发展 TPACK 提供了契机。本章对高校教师 TPACK 发展情境进行了描述和分析。

第一节　受访教师基本情况

本研究通过对 20 位参与慕课教学的我国高校教师进行访谈，发现受访教师大多在校内开设有较成熟的面授课程或在相关领域有丰富的研究、教学和培训经验（CK 和 PCK）。例如，B 老师长期从事翻译教学和研究，教过本科生、研究生等学生群体；C 老师团队的课程之前是上海市精品课程和国家精品课程，且为全英文授课；Q 老师所教课程早在 2000 年就被评为国家理科基地名牌课程；H 老师所在教学团队是“国家级教学团队”；G 老师有着较丰富的外语教学经验。

一些受访教师对教学较有兴趣，有较明确的教学方式变革需求。例如，Q 老师对促进自身化学教学的技术比较关注，是其所在学校第一批参与慕课教学的教授；J 老师虽然教学经验不算多，但愿意在教学中尝试新事物，且其所在教学组有很好的交流和协作传统，常常一起备课、出试卷、组织考试和批改试卷；Y 老师有多年面向全国各贫困县[1]中学英语教师进行培训的经验，期望大

[1] 研究者于 2016 年 12 月对 Y 老师进行访谈。2020 年 11 月，全国 832 个国家级贫困县已全部脱贫。

规模、更有效地开展教育扶贫；DG 老师发现校内学生在课堂上存在两极分化的现象，有的学生对相关内容特别感兴趣，会主动找相关资料阅读，有的学生则在课上开小差、玩手机，或者看其他书。国内外慕课教学的兴起使 DG 老师看到了新的教学方式的可供性，如碎片化学习方式可能较适合其所教课程且符合年轻人的学习方式和学习习惯，并有了参与慕课教学的愿望。WL 老师在学校的号召下学习了一些慕课，初步了解了慕课的特点，认识到了在线学习的优势，并认为中青年教师必须跟上信息化教学的步伐。

部分受访教师拥有信息技术与教学整合的实践和研究经验（TPACK）。例如，L 老师曾在中央电视台百家讲坛栏目主讲，且有丰富的培训经验；H 老师所在教学团队利用教学视频和教学平台促进校内学生的大学物理学习；HY 老师有丰富的英语在线教育经验；ZT 老师有多年的教学经验及利用技术开展教学的经验，认为技术应用可提高学生的学习积极性；面对学校通选课、通识课等系列教学改革，为了吸引学生修读相关课程，P 老师从最初在校内利用 BBS 开展教学，到后来利用集成了资源及在线练习、讨论、答疑等功能的课程网站开展教学，学生围绕学习内容在课程网站上自由发言和热烈讨论，在慕课风靡全球之前，其课程就成为第一批入选上海市的全市共享课程；作为一名有着 20 多年教龄的计算机老师，HL 老师不甘心学生处于被动的学习状态，利用信息技术带着学生解决信息时代带来的问题，包括建设 SPOC、参与慕课建设等。

还有一些受访教师本身就从事与教育技术相关的研究工作，积极利用慕课教学应用开展实践、研究和学生培养。例如，W 老师有着丰富的教师信息技术能力培训实践和研究经验，将慕课教学、研究生培养和研究工作有效整合；SZ 老师利用慕课为农村教师提供持续的信息化教学培训；T 老师所在团队对中小学教师进行翻转课堂、慕课培训，身体力行地采用将慕课和翻转课堂相结合的方式开展中小学教师培训；Z 老师多年来一直在研究新技术在教学中的应用。

有关受访教师的详细介绍详见附录一。大部分高校教师是在学校的推动下参与慕课教学的，少数高校教师则主动要求参与慕课教学。他们都在慕课平台的支持下开始了慕课教学。

第二节　慕课设计与教学过程

受访教师大多在一定的慕课定位的基础上，通过组建团队开展慕课设计和学习支持（见图 4-1）。慕课定位从局部共享到面向大众。大多数慕课教师牵头组建了由课程教学团队、学校技术团队、慕课平台团队等多方人士组成的课程团队。

在慕课设计方面，大部分教师将时间和精力用于录制视频，少数教师将视频作为一种资源，探索设计适合特定学科的在线学习活动。在学习支持方面，不少教师将慕课论坛作为答疑场所，另一些教师则探索利用慕课论坛的互动功能推动多方开展互动和交流，从而强调认知存在。

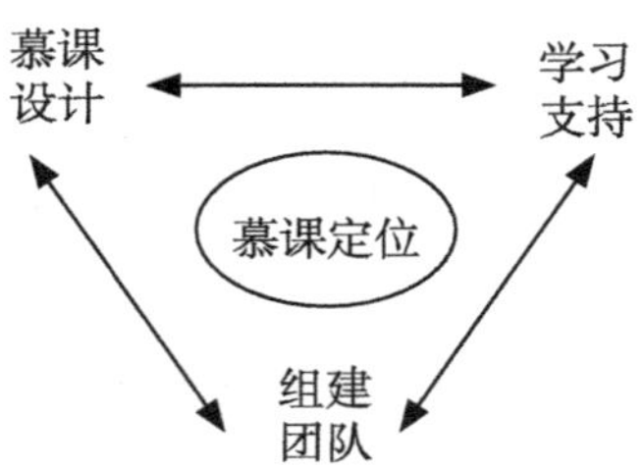

图 4-1　慕课设计与教学过程

一、慕课定位：从局部共享到面向大众

高校教师基于学校政策和支持、自身专业发展取向和兴趣、课程特点等将慕课定位为联盟共享课程、大众通识课程、特定群体课程、名校开放课程。不同的慕课定位将影响高校教师对慕课教学的投入，联盟共享课程一般除了提供

在线课程，还会提供直播课或面授课等，以促进其他高校学生的学习；将慕课定位为大众通识课程和特定群体课程的高校教师更关注慕课学习者的学习，探索适合的慕课教学法；名校开放课程更关注原汁原味地分享名校的课程。

1. 联盟共享课程

联盟共享课程是我国慕课的最初形态，主要用于区域或者联盟内部高校间的课程共享。联盟共享课程大多基于高校校内课程，为了更好地促进学生学习，很多课程还提供直播课和线下活动，并由当地教师开展翻转课堂教学。在受访教师中，将慕课定位为联盟共享课程的有 6 位教师，包括 B 老师、Q 老师、G 老师、S 老师、U 老师和 H 老师。

2. 大众通识课程

有些慕课定位为大众通识课程，因此会降低知识难度，以吸引更多的学习者。例如，C 老师所在教学组将 18 周的校园课程转化为为期 5 周的慕课，后者在内容和难度方面均大幅减少和下降。在受访教师中，有 4 位教师将慕课定位为大众通识课程，包括 L 老师、P 老师、C 老师和 Z 老师。一些联盟共享课程会开放为大众通识课程。例如，P 老师的慕课最初面向联盟内部，后期则向大众开放。

3. 特定群体课程

在受访教师中，有 6 位教师一开始就有明确的教学需求，针对特定的学习者群体开设慕课，包括 W 老师、Y 老师、T 老师、SZ 老师、WL 老师和 HY 老师。例如，W 老师和 T 老师的慕课针对教师培训；SZ 老师针对仅提供几次专家讲座式培训无法为农村教师提供切实服务的问题，萌生了通过慕课为农村教师提供持续的信息化教学培训的想法；Y 老师一直想扩大和提高贫困地区中学英语教师培训的规模和质量，在从同事那里得知慕课有此潜能后，她主动申请开设慕课；WL 老师基于多年教学经验，发现师范生和在职教师对学习课堂管理方面的知识和技能有需求，便开设了课堂管理慕课；HY 老师将开放大学的课程进一步开放，探索大规模在线教学的可行性和有效性，以期实现优质课程资源的共享。

4. 名校开放课程

在受访教师中，有 4 位教师将慕课定位为名校开放课程，包括 J 老师、H 老师、DG 老师和 ZT 老师。由于在设计慕课时无法估计学习者的组成、特征和先前知识，部分教师先按照校园课程的要求和内容进行慕课设计，运行一轮后再根据学习者的学习情况和反馈做出调整。

“刚开始我们的课要求全国用，发现用下来，学生觉得难……然后退的比例就比较大，后来他们（慕课平台）跟我们反馈，说我们的大学物理有点儿难。后来，我们想能够达到我们学校要求的慕课不多，那我们就只能降低要求。”（H 老师）

一些知名高校的慕课教师则按照校内教学要求和教学进度开展慕课教学，且不在意通过率等指标。例如，J 老师提到“首先希望能让校内课程讲得更好”，慕课学习者通过慕课和更多人一起学习，慕课教师、助教等跟踪其学习过程，“不管在什么层面上有所收获，都是一件好事”。针对有慕课学习者在论坛中提到希望期中考试期间停课一周，J 老师还是坚持校内学习进程的安排，期中考试不停课，也没有给予学习者专门的复习时间。

“我们现在的课就等于是撒出去了，然后大家都参与，两万多人学，但是最后是个什么样子，其实我们并不是很了解……大家可以看到我们学校大一的学生学到什么样子，包括学习内容、作业要求……我们没有降低任何难度，我们真的把所有内容都放进去了……（学习者）至少可以看到课程教学体系是什么样子，能够尝试跟着上，我觉得都可以。生拉硬拽让他们把东西都学完，我觉得其实也不现实。”（丁老师）

二、慕课设计：从依赖视频到设计活动

1. 规划课程：准备教学资源

不少受访教师提到慕课类似于出版，相对于平时上课，前期要做规划和充分的准备，包括系统梳理知识并确保内容的科学性，准备讨论题、测试题、补充材料等学习资源。例如，尽管有着丰富的教学和培训经验，L 老师在准备第

一门慕课教学内容时也用了一个月时间，以“保证每个故事、每句话都有出处”。S 老师指出内容准备阶段的很多工作“主要还是（准备）资源，如题库等。……当然具体的章节讨论题、综合讨论题我会给出来。……这个东西挂在那儿就擦都擦不掉了……有点儿出版的感觉”。

2. 录制视频：从碎片化到多样化

所有受访教师均提到拆分知识点，然后录制多个微视频。拆分知识点不是对授课内容进行简单拆分，而是选择重点内容并通过微视频的方式更高效地传递知识。

“讲慕课的老师要把课程尽可能讲得干净，不要掺杂一些无关的、杂耍的东西，这一点跟线下授课不一样，很干净，这样学习效率就会高。”（L 老师）

“对课程内容进行再设计和视频制作，包括选择重点内容并拓展，形成 5~10 分钟的教学微视频。”（B 老师）

将知识碎片化尽管难以深入地传达概念，但有助于学习者快速、便捷地获取知识，以获得预期的学习成果，同时也适合慕课学习者紧张忙碌的工作和生活节奏。[1] 然而，有些受访教师表达了对将课本或课堂搬到网上的微视频教学效果的担忧。

“我觉得慕课现在仅仅是模仿传统的教学环节，它可以广泛地传输知识，还有就是学习不受时空控制，但是从每个学生的学习来讲，我觉得跟传统的教学没有太大差异。……如果作为个体来讲，我看视频跟上课听课是不一样的，因为上课的那种氛围是不一样的，就像听音乐会和听磁带，是不可能一样的。……对于有的教师的慕课，学生私底下说还不如看书。……他们就是把课本上的东西搬过来。”（S 老师）

考虑到学习者在屏幕前自学缺乏与教师的直接交流，一些教师注重促进视频录制和制作方式的多样化，以增强微视频的吸引力、提高学习者的参与

[1] Najafi H, Rolheiser C, Harrison L, et al. University of Toronto instructors' experiences with developing MOOCs[J]. International Review of Research in Open and Distributed Learning, 2015,16(3):233-255.

性，满足大众化教育的要求。例如，B 老师提到教学视频“不要都是干货或理论”，需要思考“怎样可以更吸引人，怎样尽量把知识点说得更清楚”；T 老师指出不能将课本或课堂搬到网上，而是需要专门的设计，即除了在视频中“讲述最核心的内容”，还要“体现教学法及教学艺术”。

杨九民等通过观看、统计、分析国内外慕课平台上的教学视频，将教学视频划分为教师图像与 PPT 结合式、录屏式、实景拍摄式、研讨式、动画式、交互式等 6 种形式。[1] 本研究根据这一划分标准对受访教师的视频录制方式进行分析。

其中，教师图像与 PPT 结合式视频是指教师与 PPT 同时出现或者教师与 PPT 切换出现，又可分为教师融合式（教师与 PPT 融合在一起）、教师嵌入式（教师作为独立背景嵌入 PPT 中）和课堂实录式（教师图像与 PPT 显示相结合）。这种视频录制的方式比较普遍。少数教师还提到需要在视频录制过程中加强与学习者的交流感。例如，L 老师注重抓住屏幕前学习者的注意力并形成“交流感”；T 老师指出在录制视频时需“转换讲课风格”，即采取“一对一交流辅导的风格”，就像在和屏幕前的学习者聊天一样。

录屏式视频是指借助录屏软件录制教学内容，并同步录制教师的声音。[1] 一些慕课教师根据学科内容特点，采用录屏式视频开展教学。例如，W 老师并没有录制很多讲座类视频，而是主要采用录屏的方式，让研究生参与视频和课件的设计、讲解和制作，结果她发现研究生做的课件生动、活泼、美观、形式多样；HY 老师根据课程特点，主要采用录屏式视频介绍英语教学软件的应用流程，在慕课教学过程中，他发现如果经过精心设计的学习文档能满足学习者的需求，就不必再提供视频。

实景拍摄式视频是指根据授课内容在相应的场所进行实地讲解或互动。[1] 例如，Y 老师录制了自己的孩子和同事的孩子一起用英语聊天的场景，呈现了丰富的英语对话情景。

---

[1] 杨九民，陶彦，罗丽君. 在线开放课程教学视频中的教师图像分析：现实状况与未来课题 [J]. 中国电化教育，2015(6):59-63.

研讨式视频是指由两个或两个以上的教师在视频中以对话的形式讲解教学内容。[1] 这种视频形式自然，可弥补视频学习中师生互动的缺失，不少受访教师都采用这种方式录制视频。例如，J 老师在开展慕课教学之前也看过很多慕课，她认为很多慕课“不好玩”，便进一步思考如何“让学习者持续学下去”，即让课程更有趣，于是在录制视频时采用两位教师一起讲课的方式。她发现多位教师一起录课，一方面为教师之间互相借鉴提供了可能，另一方面为学习者呈现了老师之间的思维碰撞，可弥补教学视频中师生互动的缺失；C 老师所在课程组对第一次录制的讲座视频不满意，进而探索并采用 2~3 位教师对话、交谈或讨论的现场发挥方式，较顺利地完成了视频拍摄，拍出来的视频更自然。研讨式视频录制方式可不局限于教师，还可以邀请行业专家、学者等参与视频承制。例如，有慕课教师邀请相关领域多位专家、学者讲述与计算机的特别故事，为学习者提供理解信息技术的全新视角；[2]L 老师采用“驻课”的方式，邀请名师和学者分享古代名家故事或言论，“从不同角度看（某一古代思想家），再从（这一思想家）出发向外延伸”，帮助学习者打开思路，不仅吸引了更多学习者参与，也丰富了课程内容；L 老师认为“这比传统课堂教学中教师讲授内容、留作业、组织考试的教学形式要灵活、丰富得多”。

动画式视频是指通过动画的方式快速介绍背景资料或抽象知识，通常与其他视频形式结合使用。[1] 例如，T 老师提到，“PPT 等课件的设计也需要利用动画等多种媒体技术，做到形式生动、活泼、形象”；DG 老师也学习了制作动画，以更生动地呈现学科知识。

交互式视频是指在视频中嵌入与教学内容有关的问题，学习者需要与视频交互才能继续学习后续内容。[1] 不少慕课教师在微视频中穿插小测验，让学习者及时了解自己的内容掌握或理解情况，促进学习者反思。极少数慕课教师将游戏等人机交互性较强的资源与微视频整合，这样学习者可以不局限于被动观

---

[1] 杨九民，陶彦，罗丽君．在线开放课程教学视频中的教师图像分析：现实状况与未来课题 [J]. 中国电化教育，2015(6):59-63.

[2] 李秀．借助 MOOC 打造一门有趣有视野的信息素养通识课 [J]. 计算机教育，2016(7):163-165.

看视频，而是可以与计算机进行更深入的互动，及时获得个性化反馈。

一些受访教师根据学科内容特色综合采用多种视频形式。例如，Y老师采用教师图像与PPT结合式、实景拍摄式、动画式等视频形式，在视频中呈现不同的英语会话情境。

3. 学习活动：探索各类学习活动

我国绝大多数高校慕课教师最初都习惯于将校内课堂教学中常用的讲授法迁移到慕课教学中，即慕课教学以获取型学习活动为主。慕课教师有待根据学科内容设计促进学生理解、应用知识的活动，促进学生开展深层学习。例如，S老师建议让学生利用视频等技术展示学习成果。

"我不觉得技术用了就一定是对学生学习的'革命'，但是如果学生弄点儿什么视频给大家讲一讲，那可能就跟传统的不太一样了，我觉得这种深层的课程会比较（好），可能现在也不太能做到。"（S老师）

为数不多的教师在体验慕课教学及借鉴国内外慕课或校园教学法的基础上，超越观看教学视频这类获取型学习活动，设计了项目学习、基于问题的学习、游戏学习、案例教学等学习活动。这依赖于教师教学设计经验、主动探索以及所能得到的教学设计支持。例如，有着丰富教学设计实践和研究经验的W老师，考虑到在慕课教学中教师无法观察学生的表情和表现、无法随时调整教学等，强调慕课的预先设计性，即整合教师已有的教学经验，并"通过学习活动和情境将碎片化知识重构"。按照黛安娜·劳里劳德对学习活动的分类，[1]本研究对受访教师在慕课教学中所采用的获取型学习活动之外的其他类型的学习活动进行了梳理。

（1）讨论型学习活动。

不少教师设计了基于慕课讨论区的讨论型学习活动，以促进学习者的互相了解和学习。例如，S老师请助教引导慕课学习者结合预先设计好的讨论题开展讨论；针对学习者初期不习惯参与在线讨论的情况，L老师将慕课学习者分

[1] 黛安娜·劳里劳德.教学作为一门设计科学构建学习与技术的教育学范式[M].金琦钦，洪一鸣，梁文倩，译.福州：福建教育出版社，2019:90-92.

班，每个班有班委，各班在讨论区互动；P 老师从最初带着助教找学习者感兴趣的话题，到后期讨论区进入良性循环，助教可以帮忙打理讨论区，P 老师只要抽时间统一回复即可；WL 老师从多个角度设计不同话题，尽可能让每个学习者都有话可说，并在讨论区分别开辟了针对中小学教师、职业院校教师、高等学校教师的讨论区，学习者可进入不同的讨论区自由发布话题和交流讨论；SZ 老师通过在讨论区中收集有意义的代表性话题，定期在微信群和讨论区中头脑风暴，引导慕课学习者深度交流；C 老师将讨论型学习活动贯穿整个慕课教学过程，引导学习者在获取型学习活动的基础上分享、反思和讨论，从而理解并应用所学知识；Y 老师在第二门慕课中设计了规定讨论、自发讨论和问答讨论等类型的讨论活动，引导学习者在讨论区表达学习感受、心得或认识，在语言输入的基础上进行语言输出；HY 老师在课程初期设计了社交活动，快速构建了在线学习社区，并将学习者在部分讨论区的讨论和交流活动（破冰活动和理论讨论）算作部分成绩。

（2）探究型学习活动。

Y 老师在第二门慕课中设计了查找 Wiki 资料或其他扩展资料等学习活动。针对教师教育类慕课，SZ 老师指出，除了理论讲解，还有必要提供具体案例。

“（对于）教师教育类课程而言，理论讲解是远远不够的，越是有代表性的、原生态的教学实践案例，越有生命力。”（SZ 老师）

C 老师所在教学组最初认为案例分析也是一种有效的方式，但也发现学习者在慕课论坛分享案例分析会导致重复率高、在论坛里翻很多页才能发现不同意见等问题，而在传统课堂上，教师有时间听大部分学生输出观点。

（3）实践型学习活动。

C 老师所在教学组提供观察指导，让学习者开展社会观察并在论坛上分享，如观察空间使用的文化差异等，学习者的观察地点涉及世界各地的各类场所。除了理论知识，李秀老师通过计算机应用实践激发和增强了学习者的学习兴趣和能力，所采用的实践型学习活动包括做习题、名片设计、常用网络资源下载、制作演示文稿、制作电子表格等计算机操作，以及解决网络不通等计算机使用的常见问题。[1]

少数教师将游戏的理念和方法用于设计慕课教学活动和激励措施。例如，有教育游戏研究背景的北京大学教育学院的尚俊杰老师在两轮慕课教学后，尝试用游戏教学的方式开展“游戏化教学法”慕课教学，即通过游戏理念 “把事情设计得比较有趣，让学习者心甘情愿地做他以前未必喜欢做的事情”，以激发和保持学习者的学习动力。

（4）生产型学习活动。

J老师考虑到国内很多慕课，尤其是计算机类慕课还停留在教师讲、学生听的层面，练习也以灌输为主，缺乏针对实际应用的活动设计，遂借鉴国外慕课在实用性方面的经验，邀请IT公司参与并提供实际问题供学习者练习。HY老师设计了多个课件制作作业，让学习者在其中应用所学的基本原理和方法。

综上所述，除了获取型学习活动占主导，不少教师也借助慕课讨论区和微信、QQ等社交软件开展讨论型学习活动；一些教师还开展探究型、实践型和生产型等学习活动；但少有教师开展协作型学习活动，可能由于慕课学习者大多是陌生人，且是出于自愿学习，不太容易开展协作型学习活动。

4. 学习评估：评估方式和内容多元化

考虑到面对成千上万名学习者，一些慕课教师采用机器评估、同伴互评等多元主体评估方式。

（1）丰富评估方式：机器评估与同伴互评。

慕课教学推动了高校教师在慕课乃至校内教学中利用计算机批改课程作业和考试试卷，计算机相关专业的教师在这方面做了更多探索。例如，J老师和同事通过开设慕课，将所有纸质试卷转化为在线试卷，并更新了教学组的在线评测系统，期中和期末考试均改为机考，且能支持程序填空，教学组所有教师都不必手动批改试卷，可以节省很多时间。

一些慕课教师探索并采用了同伴互评方式。例如，HY老师的慕课要求学

[1] 李秀．借助MOOC打造一门有趣有视野的信息素养通识课[J]. 计算机教育，2016(7):163-165.

习者对彼此制作的课件进行互评。有慕课教师发现，由于同伴互评的内容大多是没有标准答案的主观题或作品，这有助于学习者互相启发，也是一种重要的学习方式。例如，U 老师发现同伴互评对学习者的有用性体现在“在看别人作品的过程中得到很多启发，形成很多思路”；C 老师所在教学组请学习者对自身身份和价值观的反思进行互评，发现这一作业对学习者的作用远大于对教师自身的作用，很多学习者在讨论区评论说有“醍醐灌顶”的感受，也有的学习者说“很痛苦”，大多数学习者则借此机会了解别人，也得到别人的理解，由此实现了课程目标之一——发现自我。

同伴互评涉及评估标准、评估人数、评估人、教师复议等要素，其效度和信度有待进一步验证。例如，S 老师提到学习者依据评估标准互评时给分偏高；U 老师指出同伴互评需要提供评估标准且对评估人数有要求，如果学习者之间的评分差距较大，教师可对成绩进行复议。

（2）拓展评估内容：过程评估与结果评估。

慕课平台留有学习者的大量学习行为记录，一些慕课教师尝试将过程评估作为学习者评估的一部分。例如，对于学习者参与过程的评估，C 老师认为只看评论数量还不够，而且教师要花很长时间才能搜索到有深度的评论，HY 老师将学习者参与评论作为部分成绩。然而，不少学习者只看自己需要的内容，不发表评论，这使教师只能大致了解每周参与讨论的学习者的整体讨论情况，难以了解具体学习者的变化。

有教师探索并开展对更丰富、多元的学习结果的评估。例如，C 老师所在教学组考虑到测试只能了解学习者对事实性知识的掌握程度的局限性，根据课程特点采用“开放问题”和“讨论”的方式，以体现学习者的多元视角；HY 老师要求学习者制作 5 个课件。

三、学习支持：从教师答疑到多方互动

受访教师主要借助慕课平台提供的论坛，通过答疑、讨论等教学活动促进学习者学习。大多数受访教师最初通过慕课论坛进行答疑。例如，在运行第

一门慕课期间，Y 老师坚持在网上答疑，有问必答，共发表了 800 多个帖子；Q 老师要求研究生助教回答学习者的所有问题，自己则回答助教难以回答的问题，以了解学习者对知识的接受程度，从而及时调整课程；S 老师设计好讨论题，请助教引导慕课学习者开展讨论，受限于时间和精力，S 老师偶尔会与慕课学习者互动。

“助教引导学生进行讨论，当然具体的章节讨论题、综合讨论题我会给出来，偶尔我自己也会上去跟学生们互动。这个线上回答肯定是老师下功夫多，效果会更好一点儿。可能这里的确是有一个时间投入问题，例如上学期是开发 EBA，我肯定没有那么多精力投入，这学期别的事情又很多，所以时间上我觉得还是比较紧张的。”（S 老师）

C 老师在第一轮慕课教学中请博士生作为助教帮忙管理论坛，C 老师对回复什么、如何回复、回复多少等具体要求也没有把握，只是被动地观察论坛每周大概有多少人回复以及回复什么，结果回复不规律，只有三四个助教比较勤快。C 老师在第二轮慕课教学中与校内教学保持同步，并确定了论坛回复的频率和原则，即必须在一定时间内回复评论，评论无对错之分，主要在于分享；助教跟随课程进展回复最近一周的内容。第二轮慕课教学过程中的评论和互动远超第一次，学习者平均每人发 5~6 条评论，每条评论有 60~70 字，这在 FutureLearn 平台的众多课程中也是较为少见的。

慕课学习者之间会互相回答问题、分享、讨论，师生、生生之间的交互有助于拓宽师生的知识面。例如，Q 老师提到课程论坛中的学习者较为活跃，提问的学习者较多，还有求助的学习者，听懂且理解的学习者也会发帖分享；C 老师指出，有经验的学习者会回复新来的学习者的问题或困惑，一些回复内容很精彩；J 老师发现，在职人士有丰富的先前知识，对很多问题有自己的认识，能帮忙回答很多问题，同时他们提的问题会比较“偏”，有助于延伸和拓宽教师的知识面。然而，C 老师发现学习者之间的互动少、学习者的思考层次浅。

若要推动慕课学习者的深入互动和深层思考，教师还需要通过提问等方式引发和促进学习者之间的互动和讨论。例如，针对慕课学习者初期不习惯参与在线讨论的情况，L 老师将慕课学习者分班，每个班有班委，各班学习者在论坛里互动；P 老师则带着助教找学习者感兴趣的话题，到后期论坛进入良性循环，助教帮忙打理论坛，教师只要抽时间统一回复疑难问题即可；SZ 老师通过在论坛中收集有意义的代表性话题，定期在微信群和论坛中开展头脑风暴，引导慕课学习者深度交流；Y 老师在第二轮慕课教学期间，探索将论坛讨论分为规定讨论、自发讨论和问答讨论，引导学习者深度参与讨论。

有教师积极利用慕课学习者的多元化特征推动学习者在论坛开展互动。例如，J 老师在校内同步开展翻转课堂教学，鼓励校内学生帮忙解答慕课平台论坛中的问题。她发现，多方人士参与会使论坛较为活跃，这一方法也受到学习者的好评。L 老师也提到“把学生动员起来……可能有的问题没有标准答案。现在借助大伙儿的力量将问题展开了”。

少数教师还借助微信等社交软件培养学习者的交互习惯，提高师生、生生之间的交互水平。例如，L 老师建立并维护着 6 个班级微信群，每个班三四百人。一开始难以引发讨论，L 老师就通过微讲座带动学习者讨论：“每次（我）在群里会开一个微讲座，它是一个种子，以这个作为拉动方式，他们会参与讲座的讨论，讨论完以后就说上话了，熟悉了。”S 老师也提到，除了平台互动，她还会通过 QQ 群、见面课等方式讨论关键问题。

有组织、有管理地学习慕课以及形成基于慕课的学习共同体可以提高慕课的完成率，尤其是对在职人士来说。SZ 老师通过面向中小学教师的慕课教学实践和研究发现：“以团队方式（来自同一所学校的教师超过 3 人）参加慕课学习的完成率是 67.4%，而以个人方式（同一所学校只有一个人）参加慕课学习的完成率是 55.8%；两者的优秀率分别是 49% 和 32.9%。”此外，“有校长或教务主任等领导同时参与慕课学习的团队与全部是学科教学教师参与慕课学习的团队的完成率分别是 73.4% 和 54.9%，优秀率分别是 55.1% 和 36.2%，呈现出统计学上的显著差异”。同时，无领导参与的团队的完成率和优秀率均低于所有学习者的均值。

众多的学习者会给慕课论坛带来大量信息。例如，P 老师提到，有 6000 多人注册参与的课程，人均发帖1.3条；C老师的慕课在第一轮运行期间有1525人注册，共产生了21276条在线评论，平均每个学习步骤产生近300条在线评论；HY老师的慕课在第一轮运行期间有2363人注册，学习者在8个讨论区合计发帖7763条。大量的互动信息可能造成师生认知超载，交互意愿降低。以J老师修读过的一门慕课为例，J老师原本“希望有小伙伴一起学，但是小伙伴太多了，众说纷纭，七嘴八舌”，导致“论坛瞬间就（被）刷屏了”，难以在短时间内筛选出想要的东西。这使J老师放弃了论坛讨论，只是查看学习资源。

“那个翻转课堂第一次开课的时候，太可怕了，虽然被切分成若干个论坛，但依旧每天洋洋洒洒的，就跟微信群一样，那我可能就懒得看了。”（J老师）

C老师也提到慕课论坛没有搜索功能，不易发现精彩评论，可能需要在论坛里翻很久才能发现好的案例分析和不同意见，就像大海捞针，“不易找到惊喜”。慕课教学有待利用新的技术方法更好地管理论坛中的海量信息。

四、组建团队：构建多种类型协作模式

大多数慕课教师通过组建课程团队的方式开展慕课设计和教学，即由课程教学团队、学校技术团队、慕课平台团队等多方人士协作，发挥各自的长处，参与设计和实施慕课并为学习者提供学习支持。

“慕课离不开有效合作的教学团队。从课程定位，到内容开发，再到资料上传，最后到开课后的服务支持，以及课程结束后的数据分析统计等，不可能由一两个人完成。”（SZ老师）

课程团队的构成主要有以下几种模式。

1. 主讲教师 / 团队 + 研究生 / 志愿者

这种模式比较适合教育技术、计算机等相关专业的教师，他们拥有教学设计和 / 或计算机方面的知识、技能，乃至团队。例如，W老师在设计和开发慕课的过程中，让自己的教育技术专业的研究生参与视频和课件的设计、讲解和

制作，以及答疑和讨论环节，结果她发现研究生做的课件生动、活泼、美观、形式多样，很多受训教师愿意观看，认为内容很有趣，甚至还有学习者追课，一直等着课程晚上 12 点上线。J 老师和另外一位教师合作开展慕课教学，一方面教师之间可以互相借鉴，另一方面可以为学习者呈现教师之间的思维碰撞，弥补教学视频中师生互动的缺失。再加上有从事视频处理方面的研究的便利，J 老师请研究生参与视频剪辑、片头制作等，此外，J 老师还有 2~3 名助教，助教是从本科生中选出来的在 ACM 竞赛中得奖的学生，其编程水平较高，有助于减轻慕课教师的负担。L 老师在慕课上线后，挖掘了一些学习者做志愿者。SZ 老师的教学团队还包括教研员和骨干教师等行业专家。

“我和核心团队成员（通常是教研员和骨干教师）共同设计课程框架，由我来录制主要的教学视频，由教研员和骨干教师提供教学案例，然后由师范生完成课程的制作、资源收集、课程开发，开课后，由我和师范生共同进行课程答疑、活动推进和数据分析，为下一轮课程开设提供改进依据。”（SZ 老师）

2. 主讲教师 / 团队 + 校内助教团队 + 校外教师团队

这是慕课教师及其所在高校、慕课平台、合作高校在课程共享的基础上形成的协作模式。例如，B 老师所在教学团队的教师分工进行慕课设计和制作，并轮流参加 4 次面授课，与其他学校的师生互动，其助教团队包括一位教师作为总助教，上海每个教学点都有一位研究生作为助教，外地教学点的助教由合作高校配置，助教负责回答问题、批改作业和试卷。P 老师还和别的高校的教师组成教师团队，由当地的落地教师（助教或合作教师）组织本地学生进行翻转教学，完成线上学习和线下考试。

3. 主讲教师 / 团队 + 校内助教团队 + 校外志愿者 + 校外教师团队

这是随着慕课开展逐步形成的一种更为开放、多方协作的模式，依赖于主讲教师的个人魅力和投入，以及校外教师利用慕课的意愿和主动性。例如，除了开放大学系统的教师，HY 老师从学习者中挖掘了有能力、有意愿协助教师团队工作的来自国家开放大学办学体系外的教师担任实习助教。Y 老师没有自己的研究生，但通过慕课建设，她与慕课平台（课程主管、技术支持）、本校助教、乡村教师、学校扶贫办等合作，“创建了一个集编、导、演于一体的团队”。Y 老师邀请系里的知名教授参与录制课程视频，学生助教兼任编剧和演员，其他学校的校长或院长、乡村教师、大学生、在职人士、国际学生也加入运营团队，慕课平台提供技术团队和平台保障。Y 老师还通过微信群、微信订阅号等宣传和推广慕课，“建了 29 个微信群，每天回答一些问题”。一些慕课学习者也成为 Y 老师慕课的助教。

“我现在还蛮得意的就是它的确达到了一个效果，就是有一批农村老师在追我的课。他学一遍，再学一遍，被我发现之后就成了我们的优秀学员，就成了我们的助教。”（Y 老师）

4. 主讲教师 / 团队 + 校内助教团队 + 慕课平台支持组 + 学校技术组

这是一种相对专业化的课程团队协作模式。C 老师所在课程团队由 3 个小组组成：教学组、慕课平台支持组（包括负责课程开发的人员和技术人员）、学校技术组（主要帮助选择拍摄场地、场景，以及拍摄视频）。尽管教学组的 3 位教师有多年的合作经验，但在慕课设计和教学过程中，他们需要进一步探索协作模式。例如，在缺乏教学设计人员和项目经理的情况下，在视频拍摄过程中，教学组容易碰到课程设计协调难和进展缓慢的问题。

“因为没有一个总体负责的项目经理，大家到最后就是互相协调来协调去，没有人能够拍板，事情推进得很慢。老师们总归都是很忙的，所以找时间很困难，然后协商下来决定了又做不了。”（C 老师）

教学组遂改变工作方式：3 位老师利用周六或周日一整天的时间，首先集中讨论每周的教学内容、分工，然后和学校技术组沟通，高效地录制视频。

作为教育技术教学和研究人员，U 老师希望有类似于教学监理师的角色，作为教师和课程制作人员之间的桥梁。

“我自己做慕课，我觉得如果有一个人能帮一帮我就好了，怎么帮我呢？制作人员是制作人员，我是用户，我是老师，还好我是做教育技术的，如果不是做教育技术，我根本就不知道制作方怎么做，我觉得在它们两个之间需要一个桥梁，甚至我还给它取了一个名字，叫监理师。就像工程一样，工程有设计

师，在施工的过程中有监理看你做得对不对，相当于他们中间的桥梁。”（U老师）

综上所述，相对于精品课程、视频公开课，慕课教学情境下高校教师的TPACK 有所发展，尤其是在教学策略和评估知识方面。

慕课教师在学习评估方面也有所调整，包括采用机器评估、同伴互评等多种评估方式，部分教师开始关注过程评估，并进一步丰富结果评估，关注学习者的知识应用能力。慕课平台上存储的大量学习行为数据和学习者反馈数据为教师评估学习者、改进教学提供了数据支撑，但这方面的探索尚处于起步阶段，有待慕课平台的不断改进和教师的积极使用。

整体而言，高校教师发展形成了一些有关慕课教学的实践性知识，但他们中的大多数仍处于慕课教学的初期探索阶段，尚未充分整合学科内容、技术和教学法。这促使本研究深入探索高校教师在慕课教学过程中如何整合学科内容、技术和教学法并建构 TPACK 的，从中探寻推动高校教师 TPACK 发展的策略和路径。因此，后续章节将对 3 位获得学习者和同行好评的慕课教师在慕课教学过程中 TPACK 的发展进行深入分析，以探讨 TPACK 的内涵和发展路径。

第五章

▼

Y 老师：效果驱动的 TPACK 发展

Y 老师对教学一直很感兴趣，所开展的教学工作包括面向所在大学本科生的英语教学、面向博士生的学术英语教学，并且她 10 多年来一直利用暑期到全国各贫困县面向中小学英语教师开展教育扶贫工作。Y 老师在利用技术促进教学方面也有较丰富的经验。早在 1997 年，Y 老师到香港几所大学参观之后，和学校计算机与信息管理中心的教师一起研发了网络辅助教学系统，以便于教师上传课件和学生在网上提交作业，这是其所在学校网络教学平台的第一版。经过 6 次更新，目前它已成为全校教师都熟悉、学生都离不开的教学平台。1999 年，Y 老师在所在学校外文系建立了外语自学中心，用校园网建立了当时国内第一个网络学堂，并创建了 EEE 英语自学网站。2004 年，Y 老师参与了和英国剑桥大学语言中心的合作课题，研发了一套网络版中国高校教师英语培训课程。该项目得到了中国教育部和英国教育部的专项支持。

慕课兴起之初，Y 老师在美国的贝勒大学访学。她研读了当时已有的相关论文，也自学了几门计算机类的慕课。2013 年，她偶然了解到我国也在筹备慕课。她萌生了使用慕课进行远程教育扶贫的想法。2014 年，在学校扶贫办的支持下，Y 老师的第一门慕课在 9 月上线，她从此开始通过慕课更大规模、更有效地开展教育扶贫，以及提高我国贫困地区中学英语教师的教学水平的尝试。令她始料未及的是，该系列慕课在国际知名慕课平台 edX 上线，后来又在 Coursera 平台上吸引了来自全球 212 个国家和地区的 160 多万名学习者。在 edX 平台上，Y 老师的第一门慕课于 2016 年被评为全球最受欢迎的十门慕课之一，也是唯一上榜的中国大陆高校慕课。Y 老师的第一门和第二门慕课分别于 2017 年和 2018 年成为国家精品在线开放课程。

本章将深入分析 Y 老师的慕课教学过程及其 TPACK 发展过程，探讨其如何整合技术、学科内容和教学法。

第一节 慕课教学过程

一、明确的慕课教学效果需求

Y 老师的几门慕课都基于较明确的教学效果需求，即大规模地为特定群体提供适切且优质的教育资源。例如，Y 老师的第一门慕课是基于其 10 多年参与教育扶贫的经验开设的。

“我是因为有需求才决定尝试做慕课。在此之前，外文系老师经常在暑假到全国贫困县做师资培训。我坚持做了 13 年的教育扶贫。”

Y 老师在教育扶贫中探索了多种方式，包括赠送书籍和电子资源、举办讲座等。然而，赠送的书籍和电子资源往往被束之高阁，讲座后也少有人提问；且赠送资源和举办讲座都是单向知识传播，缺乏反馈。针对讲座后无人提问的现象，Y 老师尝试过一些方法，例如，通过提前听课、邀请二三十位教师召开小型座谈会等方式小范围了解教师的问题和学习需求，再有针对性地做 PPT。

“第一天我去听课、晚上备课，第二天我就讲授同样的内容，让老师们看我是怎么上课的，然后讨论不同的教学理念和教学方法。”

这些尝试取得了一定的效果，但是规模受限，Y 老师“一个暑假最多只能去两个地方，最多能接触到 600 多位中小学老师”。此外，Y 老师也感到讲座难以真正改变受训教师的教学理念和教学方法，更难以将培训内容融入教学。“这些教师获得了什么东西？或者说他们改变了多少？”

这些经历让 Y 老师意识到贫困地区的教师面临来自内外部的诸多障碍，包括缺乏针对学习者的学习资源，且“缺乏寻找相关资源的愿望”。

“我的一个切身体会是，要改变中学教师的教育理念、帮助他们改进教学，需要具体的适合他们的学生学习的资料。我们去宣讲或者培训，一线教师可能觉得我们说得有道理，但实施起来还是非常困难的。”

Y 老师于是萌发了做示范课视频的想法，利用空余时间录了 14 个小时的视频课程，向受训教师示范可行的、好的课堂教学，并编写了一本教材《英语口语与听力教程》，希望贫困地区的英语教师掌握简单的课堂英语，能用英语讲解课文、提问和回答问题。然而，这些资源并没有太多人问津，更不用说使用了。

一次偶然的机会，Y老师去计算机系一位同事的办公室聊天，得知该同事正在做慕课。这次偶然的造访使她了解到自己在美国见到的慕课在我国也有人开始尝试，并创建了类似的教学平台。这让她萌发了制作慕课的想法，以更好地为贫困地区中学教师制作英语教学示范课，提升他们迫切需要的听说技能；通过慕课方便地、有针对性地提供适合贫困地区学生的资源，减少教师在将培训内容转化为实践时所碰到的障碍。

“我发自内心地觉得，要是有更多的人能接触到优质的教育资源就好了，而慕课恰恰可以实现这一点。”

Y老师的慕课针对有特定需求的学习者——贫困县的中学英语教师。考虑到技能型慕课的缺乏及贫困地区师生听说技能的缺失，Y老师决定先开发英语听说类慕课。

可以看出，Y老师有较为明确的慕课教学效果需求，她一直在探索如何为贫困地区的中学英语教师提供大规模、有针对性的英语教学方面的学习资源以及激发他们的学习动机，包括探索制作基于受训教师需求和问题的PPT、示范教学、录制示范课视频等。然而，Y老师在实践中发现这些方法的效果有限。从同事那里了解到慕课在我国的发展后，Y老师意识到慕课在大规模、针对性教学方面的可供性，遂决定开展慕课教学。

二、慕课教学：从依赖视频到营造氛围

Y老师所在学校的大部分慕课是基于校内课程的，Y老师则是将已有的用于教育扶贫的教学资源转化为慕课。这是一次探索之旅，Y老师不断探索如何开展慕课设计和教学。Y老师力图使自己的慕课浅显易懂，既让中学生等国内外慕课学习者都能理解，还可以作为中学英语教师教学示范课；内容不仅涉及

语言知识点，还涉及中外文化。

1. 制作优质数字教学资源

Y 老师最初更多考虑的是如何更好地制作和呈现更多的优质数字教学资源。例如，Y 老师的第一门慕课——“生活英语听说”慕课包括课件（视频和练习）、讨论区、学习进度、拓展的英语学习网站、微信订阅号、课程日历、教材等内容。其课程评估包括课后小测、课后练习和期末考试，分别占总成绩的 50%、20% 和 30%。

其中，视频是重要的慕课教学资源。在录制视频的过程中，教师需要适应对着镜头讲课。

“在线下的课堂上可以眉飞色舞，时不时跟学生们进行眼神交流，在这里反而常常被提醒要紧盯镜头。”

然而，Y 老师认为教师个人形象对学习者学习效果的影响不大，索性缩减自己的出镜时间，邀请来自多个国家和地区的教师、学生和系里教师的孩子一起录制视频，以对话、小组讨论的方式呈现各种英语应用场景，帮助慕课学习者拓宽视野。以“生活英语听说”慕课为例，Y 老师选取了 8 个日常交际话题，设置了多个交际场景，内容涉及词汇、句型讲解、听力练习和口语测试，以增强学习者的跨文化意识和跨文化交际能力。

2. 从论坛答疑到营造氛围

运行第一门英语听说慕课时，Y 老师认为这是“创品牌阶段，坚持每帖必回”，每天早晨五点半起床后就先回复学习者在慕课论坛提出的问题。在第一门慕课首轮运行过程中，Y 老师共发布 986 多个帖子。她和助教团队坚持有问必答。

在运行第二门慕课——“英语会话技巧”时，考虑到为学习者提供互动交流的机会对提升学习者的英语会话技能的重要性，Y 老师尝试将慕课论坛的讨论话题分为规定讨论、自发讨论和问答讨论等 3 类，以调动学习者参与讨论的积极性和主动性，师生共建虚拟学习社区。

①规定讨论是指教师在每个单元设计 2~3 个文化包容度高或与生活密切相关的话题供学习者讨论，并对学习者的回帖进行点评。讨论结束前教师还会总

结和评价讨论情况，明确讨论的价值和意义并提出期望。Y 老师发现，规定讨论话题的文化包容度高，学习者的回帖也具有文化特色；与学习者的生活相关性高，能引发学习者的共鸣和回应。

②自发讨论是指学习者提出与课程主题相关的话题并展开讨论，教师会将好的话题置顶，面向所有学习者。讨论结束时，教师还会进行总结性评价。Y 老师发现，自发讨论话题的丰富性不亚于规定讨论，且学习者的讨论兴致很高。

③问答讨论指学习者在课程学习或技术操作中碰到疑难时在论坛中发帖求助，师生均可回答，教师对回答进行确认。

Y 老师还在慕课论坛开设了“教学日志”“跟我学英语”等专题，为学习者提供学习指导；组织“三行情诗”“慕课，我想对你说”等特色线上主题活动，促进学习者之间的沟通和交流。Y 老师还借助微信等社交软件，整合校内外多方力量，为学习者营造利用英语交流思想的环境和氛围。例如，Y 老师建了 30 多个微信群，每天在群里回答一些问题。其中一个微信群针对偏远地区的英语教育教师，Y 老师在群里定时发布学习任务、检查学习时长、发“小广告”、将本校学生拉进微信群做榜样（如果本校学生不坚持学习也会被 Y 老师“踢”出群以示警告）、引入奖励机制，还会给优秀学习者定制并邮寄奖品。为了配合慕课内容，Y 老师课程的微信订阅号每周三定期推送英语学习资源，目前该微信订阅号已有 2.5 万人关注。Y 老师还制作了课程专属的笔记本、明信片等，用来表彰优秀学习者。

3. 及时了解学习者的参与情况

Y 老师通过学习者在论坛的发帖可以更多地了解学习者的来源、需求、在学习中面临的问题。此外，慕课平台的学习分析工具可以帮助 Y 老师及时、直观地了解学习者的学习参与情况（见图 5-1），包括活跃学习者占比、学习者总规模、论坛发帖回复率、讨论区人均互动次数、讨论区参与规模等信息（见图 5-2）。这些可视化信息有助于 Y 老师及时做出教学策略的调整。

“我每天都注意到（选课人数）这个线是上升的。但凡下降，肯定是有问题，它就没有下降过，一直在往上走。”

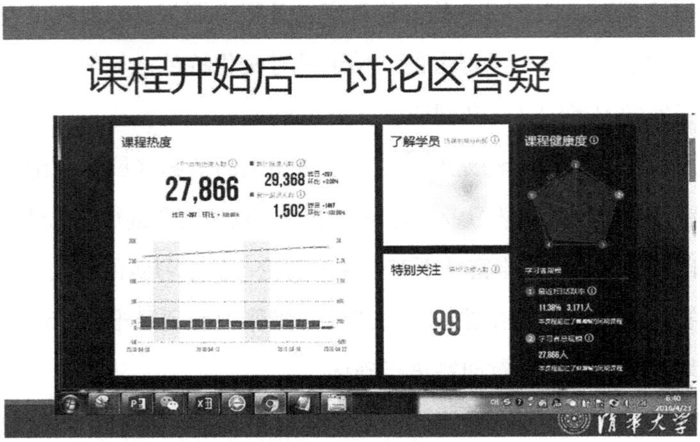

课程开始后—讨论区答疑

图 5-1　学习者的学习参与情况

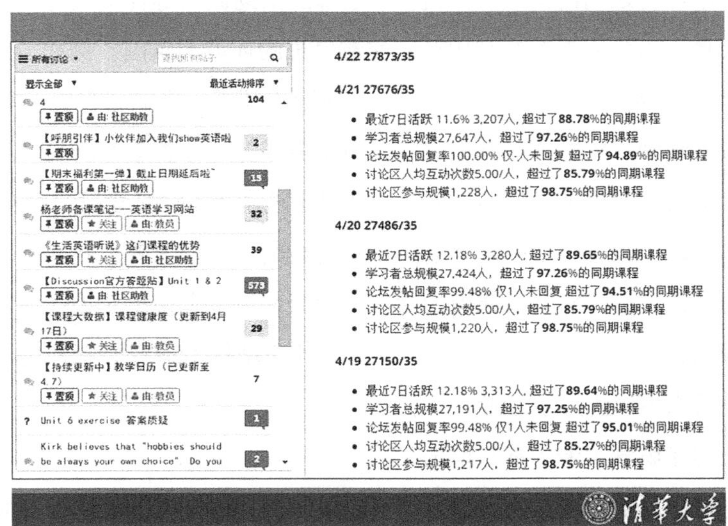

图 5-2　学习者的活跃情况

4. 积极建构多方合作团队

Y 老师没有自己的研究生，但通过慕课建设，她与慕课平台（课程主管、技术支持）、校内助教、乡村教师、学校扶贫办等多方开展合作。例如，Y 老师邀请系领导和知名教授作为“演员”参与录制课程视频；学生助教兼任编剧、演员；课程选修人数较多的高校教师作为课程协调人，负责慕课与线下课程整合的教务工作；慕课平台提供技术团队和平台保障。

助教团队负责答疑及处理一些技术问题。其中，非英语专业的助教是课程助教团队的主力军，他们深知非英语专业学习者学习英语的痛苦，能为学习者提供更科学、更有同理心的帮助。Y 老师还在 edX 平台上招募了一些学习者担当临时助教，负责解答国外学习者的疑问。此外，一些乡村助教利用休息时间与慕课学习者进行在线互动。Y 老师每学期都会评选优秀助教，以示鼓励。

三、混合教学：基于慕课自主和协作学习

Y 老师基于慕课在校内两门课程中开展混合教学，一门课程面向本科生，旨在探讨如何利用混合教学促进大一学生学习英语，探索网上学习可占多大的比例；另一门课程面向工作繁忙的博士生，探索如何利用线上线下环节，实现部分内容在线学，部分内容由教师面授。基于慕课，Y 老师将校内教学分为课前预习、课堂活动以及课后复习 3 个环节。

课前，助教协助 Y 老师备课，归纳课前预习提纲及相应的练习，并在课前将其上传至班级微信群及慕课论坛。学习者则在课前基于数字学习资源自主学习。慕课提供了已达成共识的知识性内容，为课堂教学提供了“支撑点”，课上，Y 老师则有更多时间和精力针对具体的学习者开展教学。

“因为有慕课，你会觉得有支撑点，就是我的东西已经在慕课里讲了，这部分是知识性的东西。……现在我越拍（视频），就越觉得能把那些共识性的东西都放在那儿，然后你才有精力去针对你这个班的学生（开展教学）。”

Y 老师缩短了课堂讲授时间，结合学习者在论坛提出的问题及反馈，在助教的协助下针对校内学生设计协作学习、讨论交流和课堂展示等学习活动，提高了学习者的主动性和参与度。

课后，助教根据上课情况和学习者反馈整理课后任务，并将其上传至班级微信群和慕课论坛供学习者复习巩固。此外，针对学习者的困惑，Y 老师还邀请国际学生与其进行线下交流和互动。

“面对学生们的困惑，我增加了一个环节，就是线下交流，这一点非常重要。以前我没做慕课的时候，上完课直接布置作业就行了，现在课下我会找国际学生（外国人）来和学生们用英语聊天，做小组的 seminar（研讨课），这是我的课程很重要的一部分。”

Y 老师发现自己在课上轻松了，无须反复讲授，但在课下需要做更多的准备。信息技术已经融入 Y 老师课堂教学的各个环节：学习者课前基于慕课资源和论坛开展自主学习，课上进行协作学习、讨论交流和展示等活动，课后围绕任务进行复习巩固。

第二节　建构与发展 TPACK

Y 老师拥有多年的英语教学经验，她热爱教学，并不断思考如何改进教学。除了面向校内本科生、博士生的英语教学，在 10 多年的教育扶贫工作中，她十分关注贫困地区中学英语教师的问题和反馈，不断探索真正能改变其观念和行为的教学方式。这些面向不同群体的英语教学实践经验使 Y 老师在慕课教学前形成了丰富的 CK（针对中学生、本科生、博士生等层次的英语知识），一定的 PCK（以教师讲授为主）。在开展慕课教学前，Y 老师与其他教师一样将主要精力放在教师的教上，包括制作和修改 PPT，思考如何展示内容、布置作业。可见，Y 老师主要利用技术（PPT）进行内容表征（TPACK）。

一、成分发展：通过同事获得 TK 和 TPK

通过同事的介绍，Y 老师对慕课（TK）及其教学可供性（TPK）有了初步认识。①视频及自动测试有助于慕课学习者自学，及时了解自学情况。②尽管慕课无法实现面对面、实时同步的学习交流，但慕课论坛可以为师生提供非实时交流和互动的场所，基于慕课论坛的讨论是慕课教学必不可少的环节，可用于答疑解惑和探讨问题。在慕课教学过程中，Y 老师进一步进行行动中反思，发展 TCK（通过视频呈现英语应用的各种场景，拓宽学习者的视野）和 TPK（论坛可供学习者应用所学语言知识开展互动和交流）。

二、要素发展：整合技术的教学策略渐进式发展

整合慕课的学科教学法知识是 Y 老师在慕课教学中习得的新知识。

1. 整合技术的教学策略：丰富化与交互性

Y 老师之前上课主要利用 PPT 进行内容表征，且采用以讲授为主的教学法。慕课教学策略更为丰富，涉及内容表征、学习活动和学习支持。

（1）内容表征：精细化与多样化。

首先，Y 老师认为慕课设计需要研究教材，确定如何拆分知识点。其次，考虑到慕课中“下至 8 岁上至 80 岁”的大众化学习者，PPT、授课方式、习题等学习资源都需要精心设计。

“原来一句话可以带过的知识点，在这里可能需要用两页 PPT 掰开了、揉碎了讲。……课程内容和授课方式，包括知识点重复次数、练习中的送分题、难度高的题都要精心设计。”

再次，Y 老师最初主要通过讲授式视频进行内容表征，在录制视频的过程中常被提醒要紧盯镜头。这促使她在行动中反思，并得出教师形象对学习者学习效果的影响小的结论。同时，技术情境促使 Y 老师发展形成 TCK，即认为视频教学可以突破课堂时空的局限，提供真实的语言应用场景，拓宽学习者的视野。Y 老师将新发展生成的 TCK 与 KoS（学习者差异化，且主要通过视频等资源自学）整合，形成新的整合技术的教学策略，即邀请校内外教师、大学生、中学生在不同情境中用英语对话、讨论，内容涉及词汇、句型讲解、听力练习和口语测试等知识。Y 老师在内容表征方面的 TPACK 发展过程详如图 5-3 所示。

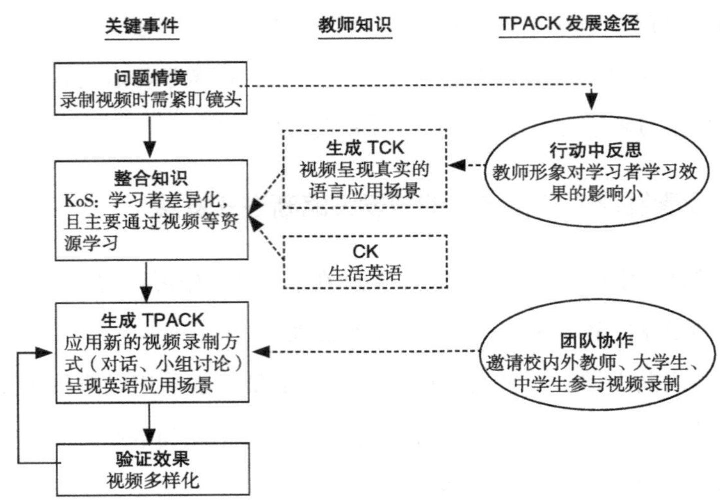

图 5-3 Y 老师 TPACK 发展：内容表征

（2）学习活动：获取与参与。

Y 老师从主要依赖视频开展教学，到逐步发挥慕课教学的优势，加强学习者的语言输入和输出。学习者一般在完成观看课程视频、查阅拓展材料等语言输入活动后开展讨论、课后练习、单元测验等语言输出活动。例如，Y 老师在第一门慕课“生活英语听说”中设计的学习活动主要是观看视频、讨论区答疑；其第二门慕课“英语会话技巧”除了设计有查找 Wiki 资料或其他扩展资料等探究型学习活动，还将讨论活动分类并贯穿整个教学过程。

在基于慕课的课堂教学中，Y 老师更多地整合技术，并让学生利用信息技术学习，例如，Y 老师鼓励学生在课上遇到问题时可随时利用计算机、手机查找信息；开展协作型、生产型学习活动，例如，学生协作制作影片，这让学生在应用所学的同时体验到了创作的乐趣。

“我们让学生自己 make a movie（制作影片），他们编写剧本的能力和制作视频的水平让我感受到他们自己创作的快乐。上周课上只讲了两个学时，他们练习了两个学时，这周就能呈现一部自己拍的片子。”

Y 老师的校内课堂发生了很大变化，有效解决了学生参与度低的问题。

“在现在的课堂上，所有孩子都露出笑脸，而在原来的课堂上，大家都是正襟危坐的，我既担心他们是低头族，也担心他们上课走神。”

（3）学习支持：答疑与讨论。

Y 老师在学习支持方面有明显的发展，从通过论坛答疑发展到引导学习者开展规定讨论、自发讨论和问答讨论，以促进学习者应用所学英语知识。

Y 老师最初更强调教师有责任参与慕课的论坛答疑。她将设计好的慕课比喻成自己的孩子，将把答疑交给助教管理比喻成把孩子交给保姆养育，强调慕课教师不只需要录课，还有必要和助教一起参与答疑，尤其是在慕课初创阶段。

“打个比方，你怀胎 10 月把孩子生出来了就不负责养育了吗？很多老师可能觉得，我录完课之后把答疑交给助教管就好了。但保姆能把你的孩子养大吗？自己录的课自己要负主要责任，我的助教团队需要不分工作日、节假日地在网上答疑，老师也一样要参与各个环节的答疑。”

Y 老师在其第一门慕课的运行过程中坚持有问必答，然而其对学习支持的理解仍局限在答疑层面。在设计第二门慕课“英语会话技巧”时，考虑到提升学习者的英语会话技能需要提供更多互动和交流机会，以及技术在支持学习者之间的互动和交流方面的可供性，Y 老师突破了慕课论坛作为答疑空间的单一功能，发展形成 TPK，即通过论坛加强学习者之间、师生之间的互动交流，并将 TPK 与 CK（英语会话）整合；考虑到学习者的先前知识差异大以及学习者是学习活动的主体（KoS），将讨论活动分为规定讨论、自发讨论和问答讨论，并提供相应的指导和支持，同时邀请能理解初级英语学习者学习困难的非英语专业助教参与答疑，引导学习者在论坛表达学习感受、心得或认识。Y 老师发现，学习者自发讨论（见图 5-4）的话题丰富、质量较高，可促使学习者之间互相学习，不断反思和调整认识。此外，Y 老师还结合教学实践开展有关慕课论坛促进协作型学习活动的研究，了解更多 TPK（探究社区），使自己在学习支持方面的认识得到巩固。Y 老师有关学习支持的 TPACK 发展详见图 5-5。

中，学生 A 发起一场围绕“英语词典的排列顺序”的自发讨论，指出在以“q”为首字母的单词中，第二位字母都是“u”。学生 B 发回复帖称也有特例，如 Wiki（附链接）中提到的“qat”和“qibla”等外来词。学生 A 发回复帖表示赞同，并补充到这些例外似乎仅限于名词范畴，最后建议再听听其他学生发表的见解。学生 C 认为这是个有趣的话题，解释说或许“q”后不接“u”的外来词使用较少，还未被收入词典。学生 D 发回复帖说自己的母语——西班牙语中有类似的“q+u”情形，进一步推断，西班牙语和英语同属印欧语系，两者有一些相通之处，英语可能受其影响。教师最后总结道：或许可以认为，英语的世界通用语性质不仅在于其使用范围广泛，还在于它融合了多国的语言元素，成为世界人共同的交际媒介。学生 E 跟发回复帖表示：他逐渐认识到英语是了解其他语言的一扇窗，要当其为联系多国人文的桥梁。可见，在线的协作学习对于复杂的概念和知

图 5-4 学习者自发讨论

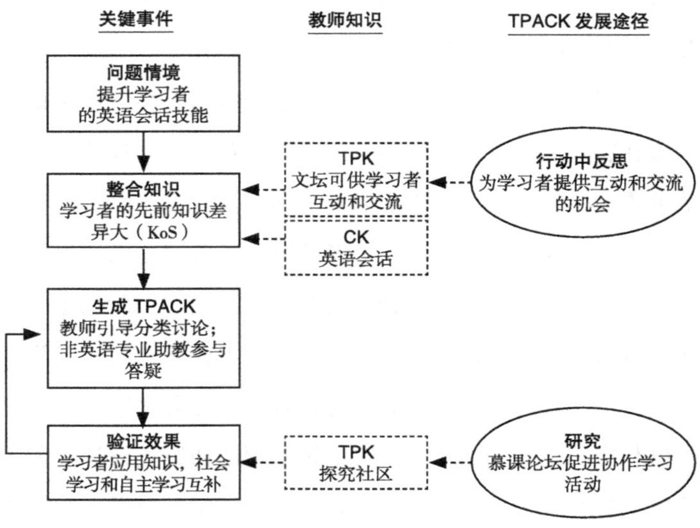

图 5-5 Y 老师 TPACK 发展：学习支持

参与学习支持让 Y 老师意识到慕课论坛区在英语学习中的重要性：论坛为师生、生生之间的互动提供了开放、灵活的虚拟空间，实现了自主学习与社会学习的优势互补，促使学习者理解和掌握复杂的概念和知识；有助于学习者应

用所学英语知识，增强英语沟通能力和文化包容意识。Y 老师还邀请非英语专业的助教作为慕课助教团队的主力军，因为他们深知非英语专业学习者学习英语的痛苦，能为学习者提供更科学、更有同理心的帮助。针对校内学生，Y 老师还邀请国际学生与校内学生进行课下交流、互动和协作。

2. 有关学生的知识：规模化与差异化

Y 老师之前并没有过多关注校内学生对英语的理解。除了回答学生在课堂上的提问，让学生复述，Y 老师在课上很少与学生交流，“往往上完课就走人”。在针对贫困地区中学英语教师的培训中，针对受训教师的反馈，即讲座后无人提问的现象，Y 老师尝试通过培训前听课和座谈的方式对受训教师的特征进行了解，尤其是了解受训教师在教学中存在的问题、需求和困难。例如，受训教师在主观方面缺乏主动寻找资源的意识，在客观方面受条件限制，如缺少专门针对其特定学生群体的教学资源、缺少好的示范课等。

在慕课教学过程中，Y 老师对慕课学习者规模化、差异化的特征有所了解。做慕课前后，学习者规模是最明显的变化。在录课前，Y 老师定了一个小目标——“争取有 5000 人来听课”，且主要面向贫困地区的中学英语教师。然而，慕课学习者的数量远超 Y 老师的预期，仅 2015 年 4 月至 2016 年 6 月，国际知名慕课平台 edX 上就有来自 195 个国家和地区的超过 18 万人选修 Y 老师的第一门慕课“生活英语听说”。截至 2016 年 9 月，共有 324 011 名学习者选修 Y 老师的第一门慕课（见图 5-6）。截至 2018 年，这门慕课吸引了来自 212 个国家和地区的 53 万余名学习者参与学习。而在开设慕课之前，Y 老师“每学期接触到的学生只有 100 多人”。Y 老师的慕课从最初旨在减小城乡中学英语教育的差距，通过互联网发展到旨在打破英语学习的年龄、职业、地域限制。

慕课学习者不但数量庞大，而且年龄差异大、来自不同地区，相应地，其学习需求也呈现差异化特征。基于第一门慕课吸引了大规模、差异化的学习者的经验，Y 老师将第二门慕课“英语会话技巧”的授课对象定位为全世界的初级英语学习者，旨在增强学习者的英语会话交流能力和跨文化交际意识。

<table>
<tr><th colspan="8">生活英语听说选课人数统计</th></tr>
<tr><td rowspan="4">国际平台</td><td rowspan="4">edX</td><td>开课日期</td><td>结课日期</td><td>选课人数</td><td>国家和地区</td><td>选课总人数</td><td rowspan="13">合计
324011 ↑</td></tr>
<tr><td>2016/4/1</td><td>2016/9/1</td><td>51836 ↑</td><td>193</td><td rowspan="3">180785 ↑</td></tr>
<tr><td>2015/9/23</td><td>2016/3/31</td><td>68755</td><td>195</td></tr>
<tr><td>2015/4/15</td><td>2015/6/26</td><td>60194</td><td>195</td></tr>
<tr><td colspan="7"></td></tr>
<tr><td rowspan="7">国内平台</td><td rowspan="7">学堂在线</td><td>开课日期</td><td>结课日期</td><td>选课人数</td><td>时间</td><td>选课总人数</td></tr>
<tr><td>2016/6/20</td><td>2016/9/30</td><td>6119 ↑</td><td>2016 暑期班</td><td rowspan="6">143226 ↑</td></tr>
<tr><td>2016/1/1</td><td>2016/6/1</td><td>35351</td><td>2016 春季课程</td></tr>
<tr><td>2015/9/21</td><td>2016/1/1</td><td>41362</td><td>2015 秋季课程</td></tr>
<tr><td>2015/6/22</td><td>2015/7/31</td><td>2548</td><td>2015 暑期班</td></tr>
<tr><td>2015/1/22</td><td>2015/6/22</td><td>30741</td><td>2015 春季课程</td></tr>
<tr><td>2014/9/1</td><td>2015/1/22</td><td>27105</td><td>2014 秋季课程</td></tr>
</table>

图 5-6 选课人数统计

“做完慕课之后，我关注的学生年龄为 8~80 岁。高中生，甚至初中生这个群体也进入了我的视野。”

此外，慕课提供了已达成共识的知识性内容，为校内教学提供了“支撑点”，Y 老师有更多时间和精力关注学生，对学生学习的过程有了更清晰的认识，更了解并尊重学生。

“我自己的体会是，在我的教学生涯中，我从来没有做过混合教学，这两年我开始进行了解学生、尊重学生的学术思考。”

3. 课程知识：应用性与拓展化

通过慕课教学，Y 老师的课程知识得到了拓展。一方面，针对规模化、差异化的慕课学习者，Y 老师加强了课程内容的应用性。Y 老师的第二门慕课“英语会话技巧”涵盖个人介绍与交流、兴趣爱好、保持健康、饮食与用餐、传统节日、英语学习的目的和方法等与学习者生活紧密相关的课程内容。由此，Y 老师开始关注不同年龄群体的英语学习。

另一方面，技术成为 Y 老师课程的一部分。例如，针对英语会话技巧培养是学习的难点且更需要为学习者提供语言交流的机会这一情况，Y 老师利用慕课论坛、微信群等营造利用英语交流的环境和氛围，为学习者学习英语提供更多互动和交流的机会，鼓励学习者在课内外利用技术进行学习、交流和协作，促使学习者达到理解、应用层面的高阶认知目标。

“困难是暂时的，收获是多方面的。从批判性思维到学术前沿的探讨，我的博士生英语课的教学内容得到了拓展；我的基础英语听说课的学生拍摄的小组作业，从学生的心理健康谈到法庭辩论，精彩纷呈。”

4. 整合技术的评估知识：多元化与深入化

Y 老师之前对学生的学习结果预期停留在记忆等较低层次，例如让学生站起来复述教师所讲内容，以考查其掌握程度。

Y 老师在慕课教学中采用自动化、形成性评估方式，其中课后测试占总分的 50%，课后练习占总分的 20%，期末考试占总分的 30%。此外，Y 老师还积极利用慕课平台提供的学习分析工具，了解学习者每天的学习参与情况，以便及时调整教学策略。Y 老师发现慕课学习还可作为学习者重要的先前英语学习成果。例如，Y 老师之前每年会挑选 60 位来自贫困县的中学英语教师到北京参加培训，其中有 50 人还会有机会到香港参加培训。之前的挑选方式是先发给教师们一套题，根据分数决定谁有资格参加北京或香港的培训。现在 Y 老师能更深入、全面地了解这些教师，从优秀慕课学习者中挑选进一步参加培训的教师。

Y 老师在校内课堂教学中使用的评估方式和评估内容也更为丰富，如学生利用 PPT、视频等技术展示小组学习成果。

5. 整合技术的学科教学统领观念：开始关注应用能力

在对贫困地区中学英语教师面对面培训的过程中，这些教师的学习行为促使 Y 老师采取一定的对策，加强对受训教师的了解，从而使培训内容更有针对性、内容表征多样化，例如 Y 老师利用 PPT、视频示范课、适用于贫困地区中学英语教学的教材进行内容表征。然而，Y 老师的英语教学统领观念并没有变化，仍侧重于知识传递。

相对于传统的讲座式教师培训，慕课的开放性和在线性使师生可以跨越时空建立连接，可以大规模、低成本地开展面向贫困地区中学英语教师的培训，Y 老师增强贫困地区中学英语教师听说能力及教学能力的愿望得以实现。例如，慕课学习者的来源和规模远远超过 Y 教师的预期，吸引了全球有英语学习入门需求的学习者。很多一线教师在学习该慕课后将其推荐给自己的学生，使该慕课影响了更多学习者。很多贫困地区的中学英语教师的英语口语知识、教学法、课堂掌控能力乃至自信心都得到了丰富与提升，有教师在所在地区的教学基本功大赛中获得金奖。慕课教学甚至改变了学习者的情感和价值观：一些教师看到慕课的价值，主动成为慕课志愿者，为更多学习者服务；一些慕课学习者甚至在学习完慕课后改变了人生的方向，有一位上海的大学生主动申请到贵州支教。

慕课的教学效果让 Y 老师认识到慕课在培养学习者的学习兴趣，增强学习者的英语应用能力、跨文化交际能力等方面的可供性。这也让 Y 老师意识到要改变教学理念，她从认为教师应通过讲授传输大量英语知识发展到认为教师应该少讲，引导学习者承担更多学习责任。

“（之前）我的课堂是传统的‘一言堂’，是我讲得多，学生听得多。……很多时候光老师讲，学生并不动脑子……我做完慕课以后，教学理念有了很大变化，那就是尽量压缩自己讲的内容，让学生们动起来。”

具体到英语教学，Y 老师认为教师不应只关注学习者对语言点的掌握，而应鼓励学习者用英语讲述故事、表达情感和想法，以及交流思想。信息技术和英语教学的整合扩展了师生表达和交流的范围和空间，教师可以通过信息技术，具体为利用微博、微信订阅号、慕课等，与学习者在课内外进行更多、更大范围的交流和互相学习，这可以培养学习者英语学习的兴趣，增强学习者的英语应用能力和跨文化交际意识。

“信息技术跟英语教育的结合，就在于学生也会给你带来不同的分享。我从来没有像现在这样开心地上课，（我在）课上可以从学生那儿学到很多东西。”

Y 老师的探索没有止步于校内学生的学习，考虑到更多学习者的英语学习，她开始开发英语词汇测试系统，基于对学习者英语单词水平的测试，向其推送相关的慕课资源，为学习者提供更加便捷、自然、个性化的英语学习机会。从教育扶贫，到在国际上通过慕课进行教育扶贫，再到研究自适应英语学习，Y 老师一直在不断探索如何利用技术促进英语教学和学习。

此外，Y 老师对师生关系的认识也发生了变化。例如，Y 老师发现在慕课论坛的讨论活动中，教师引导、营造的平等自由的讨论氛围可促使学习者主动参与交流，而且已掌握某项知识或技能的学习者还可能扮演教师的角色，这使学习者学习的主体性凸显，师生关系一直处于动态变化中。

三、要素间关系发展：教学策略与有关学生的知识、课程知识之间的关系最紧密

在开展慕课教学之前，Y 老师在课前和其他教师一样将更多精力放在思考如何制作 PPT、如何展示内容、如何评价学习结果等方面，对学习结果的预期停留在记忆等较低层次，如在课上请学生站起来复述教师所讲内容等。在课上，教师与学生的交流也较少，除非学生有问题主动请教老师。可见，其教学策略、评估知识都比较单一，对学生的关注也较少，更注重知识传输。通过慕课教学，Y 老师的 TAPCK 各要素均得到发展，且多个要素间形成了连接（见图 5-7）。

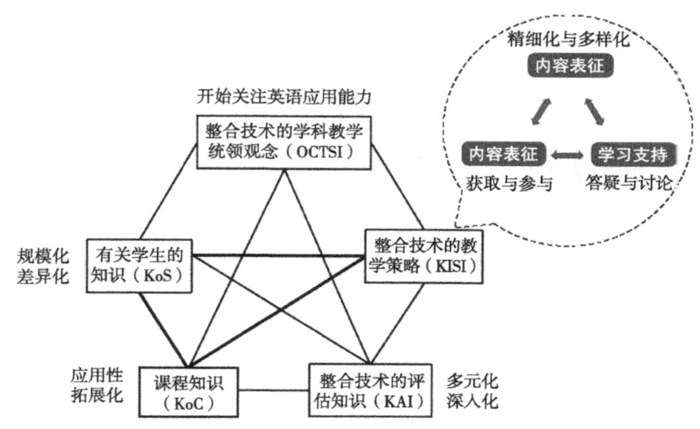

图 5-7　Y 老师 TAPCK 要素及要素间关系

首先，在慕课教学过程中，Y 老师的 KISI、KoS、KoC 之间的连接最明显（见图 5-7 深色线条）。开展慕课教学之初，Y 老师基本沿用传统的教学方法，为学习者提供学习资源和答疑。在慕课教学过程中，Y 老师更深入地了解了慕课学习者的特征、需求和面临的学习难点（KoS），渐进式地调整了 KISI，在 KoS、KISI 和 KoC 之间建立了连接。例如，为了激发成千上万名慕课学习者的参与感（KoS），以及促进其利用所学语言知识进行交流（KoC），Y 老师的第二门慕课将论坛讨论活动贯穿整个教学过程并细分为规定讨论、自发讨论和问答讨论（KISI），通过交流观点、共享资源、形成共识等环节促使学习者应用已有知识，协作生产新知识。Y 老师还邀请非英语专业的助教作为课程助教团队的主力军（KISI），他们深知非英语专业学习者学习英语的痛苦，能为学习者提供更科学、更有同理心的帮助（KoS）。Y 老师发现，网络不畅、经费紧张、生活拮据等因素都有可能浇灭贫困地区中学英语教师的学习热情（KoS），进而通过微信群、微信订阅号等开展分享和讨论，营造英语学习氛围（KISI），和贫困地区的教师一起克服困难，帮助其完成慕课学习任务，改变其教学观念和教学行为。这在访谈中也得到了印证。Y 老师在访谈中也提到在慕课教学过程中面对问题时，“应对的策略是站在学习者的角度理解他们在学习过程中出现的问题，并尽快解决”。自己的慕课受到全球众多学习者的（KoS）关注，促使 Y 老师逐渐将慕课定位为面向世界各地区的初级英语学习者，强调课程的应用性，关注各年龄段学习者的英语学习（KoC）。

其次，Y 老师将 KAI 分别与 KoC、KoS、KISI 建立连接。例如，Y 老师增加了课后测试和练习等形成性评估所占比重（评估知识），为学习者提供了更多语言输出机会（KoC）；利用慕课平台的学习分析工具（KAI）了解学习者的来源、学习参与情况、学习难点（KoS），并基于评估调整教学策略。

最后，KISI、KAI、KoS、KoC 的发展使 Y 老师的 OCTSI 发生变化。例如，学习者在慕课论坛的深入讨论（KoS）使 Y 老师意识到在教师引导下的师生讨论和互动（KISI）可以促进深入有效的学习，有助于学习者理解和掌握复杂的概念和知识，增强应用能力，甚至改变英语学习观念（OCTST）。这也促使 Y 老师反思学科教学本质：英语学习是需要与外界互动的体验过程，在学科教学中整合技术可以促进学习者与外界互动、交流思想（OCTSI）。

综上所述，对学习者更多的了解和关注（KoS）促使 Y 老师不断发展 KISI、KAI、KoC、OCTSI，并在各个要素间建立初步的连接。Y 老师有待超越教学策略和评估知识层面的发展，增强课程目标意识，进一步发展 TPACK。

第三节　教学研究推动 TPACK 发展

Y 老师在教学过程中不断反思、研究和交流，推动其 TPACK 持续发展。慕课教学及基于慕课的混合教学为 Y 老师提供了新的研究方向。例如，Y 老师注意观察和分析学习者在论坛中的讨论，并将其与语言习得、协作知识构建、深度学习等理论相结合，更好地引导学习者在论坛进行深入讨论。Y 老师申报了有关慕课教学、混合教学的课题，并发表了多篇学术论文，其研究内容也在不断深入，从经验介绍发展到实证研究。科研和教学的双向互动使 Y 老师对 KoS、KISI 等有了更深入的理解，其 TPACK 发展不断深入。

“我一直在做科研，看有什么方法把我的课分享给更多孩子。……如果不做慕课的话，有些科研是没法做的，例如混合教学。”

除了发表有关慕课教学、混合教学的研究论文，Y 老师还开展了面向各类教师的培训，现身说法分享基于慕课开展的混合教学的变化。

“我今年做的一件事，就是到各地的中学去宣讲，通过现身说法和老师们交流。我把自己原来的和现在的教案展示给他们，并且把现在的课堂通过视频的形式播放给大家看。”

综上，Y 老师有明确的利用慕课开展大规模教学的效果需求，她通过不断的自主探索、研究和交流，将技术、教学法和学科内容整合，以促进学习者学习，其 TPACK 也得到了持续发展。

第六章

C 老师：设计驱动的 TPACK 发展

本章以 C 老师为例进行研究，首先描述其从展示教学到支持学习的慕课教学过程，然后进一步深入分析其在慕课教学过程中建构的 TPACK。

第一节　慕课教学过程

一、结缘慕课：从慕课学习者到慕课教学者

C 老师就职于上海一所“211”大学，于 1998 年进入这所大学读本科，后又攻读硕士学位，硕士毕业后留校做了两年英语老师，之后在该校跨文化研究中心工作了 3 年。在跨文化研究中心工作期间，在配合学校图书馆开展跨文化资源数据库建设的过程中，C 老师感觉自己在信息技术及其与跨文化传播学科结合方面的知识储备不足，遂决定去美国某大学深造，攻读传播信息科学方向的博士学位。这是一个跨学科专业，虽然导师的关注点是学习分析，但 C 老师仍将研究兴趣定位在跨文化传播上。在攻读博士学位期间，C 老师有机会更多地接触信息技术方面的知识，同时对信息技术与本学科之间的相互作用有了进一步的认识。

C 老师在美国攻读博士学位期间，适逢美国慕课起步和发展最迅速的阶段，由于所学专业与信息技术相关，并且有同学开展教育技术方面的研究，C 老师有机会对慕课进行初步的了解，并对其产生了一定的兴趣。C 老师注册了一些慕课平台的账号，观看了一些课程的视频。C 老师发现自己想学的内容都可以在平台上找到，有机会接触到之前难以接触到的名校、名师、名课。她选择了自己感兴趣的慕课进行学习，包括社会心理学、数学，甚至编程等计算机类课程，作为对博士阶段课程的补充。

在学习慕课的同时，C 老师也注意观察和学习不同慕课教师的教学方法。她发现有的教师将复杂的编程知识讲解得浅显易懂；通过慕课可以听到不同教

师对同一主题的讲解，而且不同教师使用的例子和视角有所不同。这些都帮助C老师深入理解所学知识和提升学习效果。C老师在自己的课堂上也会回想慕课教师的教学方法，并试用效果较好的教学方法。

2014年，C老师回到学校，当时学校正与英国的FutureLearn平台谈合作事宜。FutureLearn平台是由国际知名的远程教育大学——英国开放大学于2012年12月投资建立，由英国12所大学联合发起，是英国第一个提供免费的、高质量的大规模开放在线课程服务的平台。与Courseara、edX等慕课平台不同，FutureLearn平台秉承英国开放大学的远程教育课程设计和教学理念，注重利用学习步骤法进行课程设计，强调社会学习。同时，FutureLearn平台将慕课定位为学习的第一步——作为学习者获得基本技能和初步了解的基础，以及深入学习之前的尝试。[1]

考虑到课程成熟度和改造难易度，C老师所在教学组开设的跨文化课程被选为该校第一门在FutureLearn平台运行的慕课，该课程采用全英文授课，曾先后被评为上海市精品课程、国家精品课程。教学组的3位教师就要不要将已有课程转化为慕课进行了讨论，其中一位有教育技术背景的教师支持做慕课，认为教学组可以尝试着做一门慕课，C老师认为这位教师在“潮流上把握得比较好一些”，而且3位教师一直是一个团队，因此C老师和另外一位教师也同意参与。一半出于兴趣、一半是为了完成任务，C老师开始了她的慕课教学之旅。该慕课是FutureLearn平台上第一门来自中国的课程。

二、慕课教学：设计学习步骤并提供基本支持

1. 准备阶段

FutureLearn平台最初会对教师进行培训，为其介绍平台功能、课程框架，这有助于教师获得开展慕课教学的支架。然而，C老师经过培训后仍无法想象预期的慕课形态。

---

[1] 凯斯·齐默尔曼.高等教育的颠覆性创新者[J].郭文革，译.开放教育研究，2016，22(6):11-15.

“FutureLearn 最早等于是牵头，因为他们要给我们介绍一下平台是什么样子的，然后有框架，但是说实话最初我们没有任何概念，我们当时的感觉就是介绍归介绍，但是好像到我们这里并不是所见即所得，我们搞不清楚课程最后设计出来以后放上去是什么样子。”

培训之后，FutureLearn 平台要求教学组填写一系列课程设计表格，尽管提供了口头和书面解释，但教师们修改了两三遍以后才理解这些表格的功能。

“在课程准备阶段，它（平台）明确地说这个 course（课程）要什么东西，我们都要填的，我们一开始都不知道写上去干什么用，直到填完后呈现出来一看，哦，原来是这个用处，然后重新改，我们改了两三遍。”

通过填写课程设计表格，并考虑慕课学习者的特征、慕课定位和教师精力，教学组逐渐明确了慕课定位、持续时长、预期学习者、教学内容、教学目标等课程设计关键要素。

（1）慕课定位：受 FutureLearn 平台对慕课定位的影响，C 老师所在教学组将其慕课定位为面向全球学习者的跨文化交际入门课，即培养大众兴趣的通识课程，以吸引更多学习者参与。这也决定了该慕课的持续时长短、教学内容相对校园课程少、教学目标层次偏低。

（2）持续时长：考虑到课程内容比较成熟，教学组从为期 18 周的研究生课程中挑选部分内容，最初设计成为期 10 周的课程，后来“觉得第一门课持续 10 周有点儿太长了，教师会吃不消”，遂缩减为 5 周。

（3）预期学习者：对跨文化交际这一话题感兴趣且能听懂全英文授课的学习者均可修读课程，不需要具备专业基础知识。然而，在准备和设计阶段，慕课教师对学习者的特征和需求仍不够了解。

（4）教学内容：减少内容和降低深度，供多元学习者各取所需。

（5）教学目标：鉴别学习跨文化交际知识的重要性；描述你的文化身份的组成和意义；比较你和他人的文化假设；鉴别交流类型的文化差异；对不同行为背后的主要文化价值进行分类；更自信地应用所学知识开展跨文化交流。

2. 慕课设计

教学组从最初认为慕课设计的主要任务是缩减内容、录制视频，到按照FutureLearn平台的学习步骤法开展设计，探索适合的慕课学习活动，逐渐意识到教学设计对慕课设计和实施的意义：慕课设计更需要基于想象的预先设计，即在开课前考虑周全，进行创造和设计。

（1）录制视频：从死板到形式多样化。

对于为期5周的慕课，教学组认为“应该问题不大”，和学校技术组最初一致认为在慕课设计和开发过程中，视频录制和制作是最难的部分，决定先录制视频。然而，在视频拍摄初期，C老师发现自己难以像演员一样自然地面对镜头，而且基于脚本拍摄的教学视频很僵硬。

“一开始的时候（我）还是比较僵，拍的时候还是需要一些底稿性的东西，看到成品以后我实在是接受不了，（对成品效果）不满意……这跟以前的在线教育有什么区别呢？好像还是从头讲到尾，互动性体现不出来。”

教学组的教师们发现自己不适应面对镜头讲课，第一次拍摄的视频采用的是从头讲到尾的方式，互动性差，视频显得死板。这一问题情境促使教学组反思慕课与之前的在线教育的区别，在观看了FutureLearn平台上一些有吸引力的慕课视频之后，教学组认为需要改变视频录制方式。

此外，教学组在视频拍摄过程中还碰到了协调难和进展缓慢的问题。

“因为没有一个总体负责的项目经理，大家到最后就是互相协调来协调去，没有人能够拍板，事情推进得很慢。老师们总归都是很忙的，所以找时间很困难，然后协商下来决定了又做不了。”

于是，教学组的3位教师周末集中讨论并形成结构性内容，在技术组的协助下采用2~3位教师对话、交谈或讨论的现场发挥方式，很顺利地完成了第二次拍摄，拍出来的视频也相对自然。

“周六、周日我们就集中起来，（如果）我们这周拍WEEK 1，我们就把WEEK 1包含的结构性内容划出来，两个老师讲就两个老师商量，一个老师讲的话就自己写个提纲。我们跟技术组讲大概有几块内容、拍什么，基本就能一气呵成。”

为了避免视频形式单调，在技术组的支持下，教学组尝试采用变换内外景、主讲与穿插讲解、师生互动交流等方式，并在视频制作过程中使用字幕和关键词提示，以及图片或幻灯片转场过渡等多媒体技术。

此外，教学组在视频拍摄过程中考虑到每周需呈现的视频数量，担心视频过多，来不及拍摄。对此，FutureLearn 平台建议视频不必过多，但要短小精悍，单个视频时长为 2~5 分钟即可。这一建议大大减轻了教师的视频拍摄压力。教学组一周提供 3~5 个视频，且视频仅作为一种教学资源使用。

（2）学习设计：从备课到设计学习步骤。

学习步骤法是 C 老师印象最深刻的慕课设计方法，是她“以前上课没有考虑过的方法”，以前“备课也得备一个半小时（的内容）”。学习步骤法（learning steps）通过有序排列的简单任务整合学习资源、学习活动和学习过程，即首先将内容简化到每个小节，并“分得有逻辑性”，然后通过两三个问题将每个小节的视频、阅读材料、讨论、反思、作业等学习资源和学习活动整合，注重学习活动的多样化和不同小节之间的衔接，以便学习者一步步完成自学。

“他们（FutureLearn）好像很关注这个。learning steps 也是为了让学生能够一小步一小步地做，‘积跬步’嘛。如果学生觉得这是一个大的任务没法做，他们就先帮你分解。”

在具体设计和开发过程中，C 老师所在教学组先拍视频，然后补充材料、案例、文章等内容，最后整合到网页上，精炼地呈现出学习者需要了解的内容，而且每个页面篇幅不长，学习者易于完成学习任务。

“活动其实都是我们后面补进去的。我们一开始只是说要做这个活动，要有这个问题，但我们先只拍视频，剩下的东西都是后来补的，补材料，补案例，如果觉得阅读量不够，我们再补一些文章。”

教学组用一个小节聚焦一个问题，包含 4~5 个步骤，每个小节包含一个视频、一个文本、一个练习和一个讨论，然后用 2~3 个小节将一周的教学活动串联起来。为期 5 周的课程共计 70 个步骤。学习者反映“会期待现在看了视频，下一步要干什么，不会觉得连着做类似的事情”。图 6-1 展示了第一周的部分学习活动，表 6-1 展示了第二周的学习步骤和学习活动。

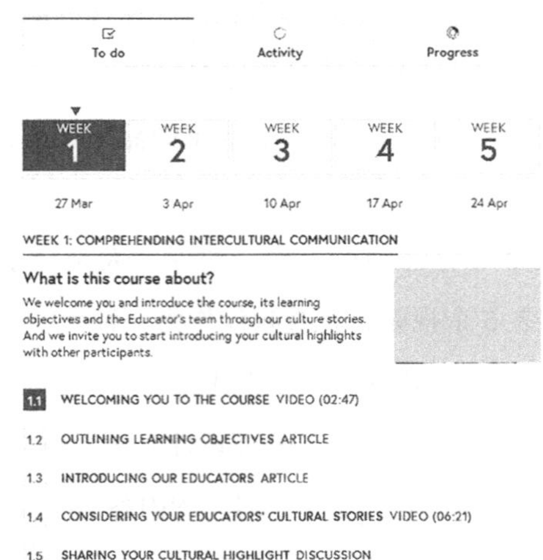

图 6-1　第一周的部分学习活动

表 6-1　第二周的学习步骤和学习活动

第二周主题：文化身份的情境化		
子主题	学习步骤	学习活动
一、澄清我是谁：通过探索不同身份，更好地了解你自己，特别是被我们的文化所影响的身份。 区别个人身份、社会身份和文化身份，并思考这些身份如何影响我们	观看视频：探索“我是谁”（57 秒） 在论坛里列出你的身份并讨论 观看视频：思考文化身份（2 分 39 秒） 阅读文章：理解交互中的身份水平 阅读文章：识别交互中的差异	1. 引发反思 2. 观看视频和文章，并在论坛讨论 3. 参与论坛讨论
二、理解你是谁：参与跨文化交互将使我们超越自我意识，发展其他意识。对他人，如何理解他们是谁以及什么对他们来说是重要的、敏感的、暗含着跨文化的有意义的交互	观看视频：探索“你是谁”（2 分 56 秒） 阅读文章：理解社会文化理论 观看视频：用洋葱表征你的身份（2 分 12 秒） 阅读文章：诗意地反映知觉	1. 引发反思 2. 观看视频和文章并在论坛里讨论

续表

第二周主题：文化身份的情境化		
子主题	学习步骤	学习活动
三、感知身份如何影响跨文化交互：社会观念对我们的影响比我们意识到的要大，它形成了刻板印象、偏见或模式。跨文化练习和群体接触有助于暴露潜在的态度，以便学习者考虑如何看待他人的变化	观看视频：回应不同的身份（3分46秒） 阅读文章：假设跨群体交流 阅读文章：思考多种身份	观看视频和文章并在论坛讨论
四、回应彼此的“你的文化”故事	作业：描述“你的文化故事”中的身份 回顾并提供反馈：评价其他人的文化故事 反思：反思你的作业 讨论：你的文化故事 阅读文章：反思第二周的内容	1. 完成作业 2. 同伴互评 3. 论坛讨论 4. 观看视频和文章并在论坛讨论 5. 总结和反思本周内容

①探索慕课学习活动。

教学组在参与慕课教学之前已经积累了较丰富的PCK，如体验式教学法等。因此，教学组最初在慕课设计过程中尝试使用在课堂教学中有效的体验式教学法。

“在设计方面，我们最初向FutureLearn介绍课程时提到大概的根据是什么，因为我们这个课程在平时上的时候采用Experiential Learning（体验式学习），在课堂上会有很多活动。”

教学组依据大卫·库伯的体验学习圈理论，在每周的学习活动中先针对具体的跨文化现象提出问题，以此引发学习者反思，进而将具体的经验与所讲理论结合，并让学习者结合实践应用所学。教师们进行行动中反思，认为“这样用不用慕课都一样”，并进一步探索适用于慕课和学科内容的教学法，以发挥慕课教学的优势。例如，教学组设计了社会观察活动，慕课学习者不仅可以应用所学知识而且可以自行生成丰富的学习资源。

“我们后来又想能不能把他们（慕课学习者）推进社会。课堂上我肯定不可能让他们去做社会观察，但是在 FutureLearn 中就无所谓了，因为他们可以先去做了（观察）再回来上（课）。所以，我们设计了一些社会观察，给出了一些指导建议，（慕课学习者）回来以后分享。这个反响还可以，这个的效果比课堂上要好，因为我们在课堂上布置了作业，如果下一周就要求交的话，学生有时会觉得时间紧张或者没有机会做。这个因为不是硬性的（要求），这个课有一万五千多人，只要有 300 个人做了，我们获得的资源就很丰富了。”

教学组最初认为案例分析也是一种有效的慕课教学法，但他们发现要找到不同的且能让教师也意想不到的观点就像“大海捞针”，即案例分析的观点重复率高，且存在教师需在论坛上翻很久、无法预料何时才能发现好的案例分析和不同意见等问题。

②撰写在线教学指导。

在课堂上，教师稍做说明，学生就能理解教师的意图；但在慕课学习过程中，学习者依赖慕课的在线教学指导进行学习。因此，FutureLearn 平台建议教师细分步骤、将在线教学指导呈现在网页上，以便学习者在自学过程中看懂教学要求。撰写在线教学指导花费了慕课教师较多时间。

“FutureLearn 给我们的建议是活动肯定是可以有的，但是不像课堂上的，所以就要求让学生一看就懂你的 instruction（指导），这个其实花了挺长时间的。因为有些东西我们觉得说清楚了，但是真正放到线上可能需要细分，分步骤。”

此外，慕课平台要求将每个小节的内容呈现在一个页面上，学习者无须点开额外的链接就可以完成每个步骤的学习；尽量不要直接贴原文，要在课程页面上呈现文章内容的总结，并提供文章链接供学习者下载，以便学习者快速了解核心内容，根据需要选择是否阅读全文。慕课平台还要求尽量提示学习者内容之间的关联，但有些学习者认为有些内容重复了。

“他（学习者）会觉得你要求他在这一小节对前面的内容进行回顾，所以他就觉得我前面已经回顾过了，怎么现在又让我做这个，到下一小节又要做。”

然而，在教学过程中仍会出现学习者没有理解教师的教学内容、教学活动安排的现象，学习者在论坛的评论方向会偏离教师的预期。例如，教学组设计了让学习者分享自己的文化故事的活动，学习者却陈述了自己对教学视频的直观感受。

“有时我觉得评论的方向也让人毫无把握。例如，第一周每个老师会分享自己的一个文化故事，为第二周做准备，因为第二周要让学生写文化故事，所以我们 3 个人是从 3 个角度讲的。后来学生不是评论说‘很有魅力啊’，就是说，‘我很喜欢这个老师啊’，然后我们当时就想我们的目标好像不是这个，可是你没办法控制。”

③学习评估：同伴互评开放问题。

考虑到课程重点在于强调多元视角，教学组认为不必在慕课教学中测试学习者对事实性知识的掌握程度，强行让学习者“认可某些东西”，于是设计了开放问题，请学习者分享自身身份和价值观，并采用同伴互评的方式进行评估。

“我们一开始设计时也考虑要不要做一些测试，想来想去测试就是问一些事实性的东西，但是我们觉得好像没必要在慕课这种平台上问这种事实性的东西，因为我们本来就强调多元视角，如果你一定要让学习者认可某些东西，好像又跟我们的理念相反，所以我们最后还是放弃了。开放问题就是讨论，就基本上只保留了这一种。”

C 老师发现对自身身份、价值观等开放问题的同伴互评对学习者的影响较大，是学习者自我发现和互相理解的过程。例如，一些学习者在分享自身身份和价值观之后，在论坛提到有“醍醐灌顶”的感受，即表达和分享这些私人化的想法会促使其拓宽视野、改变认知；一些学习者坦言在反思和分享过程中，自己有收获，也会感到很痛苦。此外，看到论坛上其他学习者的分享和反馈，学习者在了解别人的同时也获得了理解。然而，C 老师认为这种评估方式难以了解“学习者到底学了多少，学得怎么样”。

3. 学习支持

在课前推广阶段，慕课平台负责推广课程，以招募学习者。这时会有学习者关注教师，教师对此做法不一：有的教师会回应，有的教师选择先观察，不回应。

在教学实施阶段，学习者按照学习步骤进行自学。教师负责每周按平台要求给学习者发一封邮件，在邮件中总结上周学习内容、介绍本周将要学习的内容，并表示欢迎学习者继续关注，以保持学习者的热情。

在课程设计中，每个学习步骤都有了相应的论坛讨论，因此，教学组请本专业的博士生作为助教帮忙管理论坛。在第一轮慕课教学期间，共有 1.5 万人注册，课程开放阶段，学习者共发表 2.2 万条在线评论，平均每个学习步骤有近 300 个帖子，其中，学习者发表的针对视频和讨论活动的评论较多。然而，在第一轮教学过程中，教师对回复什么、如何回复、回复多少等具体要求并没有把握，只是每周被动地查看论坛，观察大概有多少助教回复以及回复了什么。结果助教回复不规律，只有三四个助教回复得比较勤。

“我们第一次做没有经验，就请博士生帮我们管理一下，大家今天回复，明天不回复，就是有点儿乱，而且我们自己也不太把握得了回复什么、怎么回复。”

第二轮慕课教学与校内教学同步，教学组根据学习者的反馈，对知识呈现顺序和难度稍做调整，并商讨确定了论坛回复的频率和原则：①必须在一定时间内回复评论，助教跟着课程进度回复学习者最近一周在论坛上提出的问题；②评论无对错之分，重在分享；③不能压制别人的声音，提高和增强跨文化容忍度和理解力，了解不同观点及其持有者的出发点。讨论活动让学习者“有话可说”，“打开了学习者的心结或让学习者感觉分享后有所收获”。助教回复频率的提高也促使学习者的参与度有所提高，大多数评论有 60~70 字，这在 FutureLearn 平台的课程中是较为少见的。

由于学习者规模大且慕课设计目前尚未细化到关注个别学习者的进步，教师只能通过学习者在论坛里的讨论情况，大致了解学习者整体对内容的掌握情况。

“学习者很多，我很难关注某几个学习者的变化，基本上只能看每周大体的评论是什么。这个又和我们的设计有关，没有关注学习者的变化，每周设计的讨论只能反映这周的内容掌握情况。”

教师也难以了解“潜水者”的隐性进步，因为很多慕课学习者有自己的学习需求和目的，和慕课教学目标不一定匹配。他们会在达成学习目的之后离开，可能不会参与论坛讨论。

“我感觉这和我自己的经历有关，就是我觉得慕课可能会列出具体的学习目标，但我去学这门慕课时，也有自己的学习目标，一旦达到自己的学习目标，可能就会离开了，所以我不见得会去论坛分享。这个进步就属于一种隐性进步。我不知道怎样衡量，而且作为教师，我感觉我没有什么把握，也看不出来（学习者的隐性进步）。”

相应地，教师对大规模在线学习者的印象较浅，参与感不强。

“这个课程不是面对面的，我对学生的印象很浅，就是没有参与感。……我即便在慕课论坛回复过一个人，我可能对这个人也没有任何印象。”

C 老师还发现了论坛讨论的新问题：一是学习者在论坛中的“自我宣泄”多，学习者之间的互动少，“不像我们这样两个人交谈，可能互相有启发”；二是学习者的思考普遍处于较浅的层次，即学习者在论坛分享自身身份和价值观时列举的内容多，对“为什么形成这样的价值观，为什么形成这样的身份认同”缺乏深入思考。

综上所述，面对学习者的变化，即从面向象牙塔中的学生到大规模、差异化的大众化学习者，经过准备慕课设计、学习支持等过程，C 老师经历了 3 个明显的转变：一是教学设计的转变，从重点关注教学视频的录制向采用学习步骤法整合学习资源和学习过程，并积极探索适合课程内容的慕课学习活动转变；二是教学方式的转变，从讲授型教学方式向自主支持型教学方式转变，包括设计学习步骤和撰写在线教学指导，使课程设计更适合学习者自学，并提供答疑等学习支持，推动师生、生生互动，促进学习者反思、建构知识；三是向团队教学的转变，从教学个体户向整合教学组、助教、技术组、平台等多方力量进行慕课设计和教学转变。慕课平台的培训和支持推动教师开展课程设计，教师间的协作和教师反思推动教师整合 TK、PK 和 CK。

三、混合教学：学生更多地应用技术进行学习

为了促进校内学生学习，教学组的 3 位教师在第二轮慕课教学过程中探索将慕课与校内教学整合。例如，针对英语基础差不多的非英语专业的研究生一年级学生，教学组的一位教师通过真实性学习任务提高其参与度，如请学生从慕课论坛中挑 5~10 条评论在课堂上分享，学生课堂参与度得以提高。

针对知识基础差异较大的本科留学生，C 老师采用基于慕课的翻转课堂的方式，即采用慕课和课堂教学互补的方式进行教学。

“我是教留学生的，所以我要求他们每周都看（视频），然后我在课上把重点内容理一理。剩下的时间呢，我们就讲其他的，就等于是互补。”

此外，C 老师还和同事针对本科二年级的学生开展混合教学。学生应用技术的学习活动增加，例如，学生前 5 周每周按照慕课教学进度开展自主学习，学习活动包括观看视频、阅读文本、在线发表评论，以及用英文撰写学习日志，并按照 4~5 人一组准备课堂展示；第 6 周，学生在课堂上进行小组展示，教师讲解重难点。

形成性评估所占的比重也有所增加，占期末总成绩的 50%，具体包括：①学生每周在讨论区至少发表 10 条与课程内容相关的评论（占期末总成绩的 10%）；②学生每周撰写不少于 200 个英文单词的学习日志（占期末总成绩的 10%）；③小组课堂展示并进行互评（占期末总成绩的 30%）。

C 老师和同事通过调查研究发现，学习者对混合教学效果的满意度为 92%，且 90% 及以上的学习者认同基于慕课的混合教学可增强跨文化交际能力（94%）和英语应用能力（90%）。

第二节 建构与发展 TPACK

基于前文对 C 老师慕课教学过程的描述和分析，本研究进而对其 TPACK

建构与发展过程进行分析。

一、慕课学习：TK 尚未影响 PCK

科研和教学工作经历使 C 老师具有一定的学科知识（CK）、教学法知识（PK）、学科教学法知识（PCK）、技术知识（TK）、整合技术的学科知识（TCK）。经过博士阶段的学习和慕课学习，C 老师的 CK、PK、PCK、TK 和 TCK 均得到发展，具体体现在以下几个方面。

1. CK

英语教学经历、跨文化传播研究和实践工作使 C 老师具有一定的英语和跨文化传播知识（CK）。留学经历和慕课学习促使 C 老师进一步加深对本学科的理解。

2. PK 和 PCK

C 老师对体验学习有一定的了解和应用，如在面向校内学生的跨文化交际课程中采用体验式学习（PK），设计多种学习活动，包括让学生分析案例，使用“离水之鱼”“文化行李”“洋葱”等比喻分别介绍文化冲击、价值观和身份认同等抽象概念（PCK）。

在学习慕课的过程中，C 老师注意观察慕课教师的内容表征方式，包括如何将复杂的编程知识讲解得浅显易懂，如何使用不同的例子和视角讲解同一主题（PK），并将其整合到自己的教学中（PCK）。

然而，C 老师的教学观还停留在知识传输层面。这一点在访谈中也得到了验证，C 老师在访谈中提到其主业是科研，多数情况下是将教学作为任务，认为“教学就是去上课”，只要“传递了知识就可以了”。

3. TK 和 TCK

C 老师曾在校内参与跨文化资源数据库建设，获得了数据库知识（TK）和跨文化资源数据库知识（TCK）。之后，C 老师感到自身在信息技术以及信息技术与跨文化传播结合方面的知识储备不足以完成工作，遂做出了留学深造的决定，并选择学习信息技术与传播学交叉的学科。攻读博士期间的正式学习使

C 老师丰富了信息技术知识（TK）和信息传播学知识（TCK），形成了对技术变革的乐观态度，认为技术变革是不可逆的现象。同时，与信息技术的接触也使 C 老师有机会成为先行的慕课学习者：C 老师选择了与自己专业相关的心理学、数学、计算机类慕课，使之与博士期间的课程学习形成互补，从而形成对技术知识的深入理解。由此，C 老师在参与慕课教学之前建构了 TK 和 TCK，包括跨文化传播资源数据库知识、信息传播学知识。

尽管学习了很多慕课，C 老师更关注其他慕课教师如何讲授知识，包括通俗易懂地讲解复杂知识、用比喻说明抽象概念等，这说明 C 老师的慕课技术知识（TK）与 PK 并没有整合，其 TPK、TPACK 尚未出现。

二、成分发展：通过培训获得 TK 和 TPK

C 老师通过接受慕课平台的培训和填写相关表格，初步了解了慕课平台（TK）、课程框架（教学设计和 TPK）。然而，对于国际远程教育界较成熟的在线课程设计模式，C 老师最初表示难以理解，也无法想象预期的慕课形态。在 C 老师设计慕课的过程中，慕课平台持续为其提供教学设计、TPK 方面的支持和建议，包括建议其采用学习步骤法设计慕课；使学习活动多样化；视频无须过多，但要短小精悍；澄清在线教学指导，加强前后内容的关联性；概括文章内容等。

C 老师在慕课教学过程中逐步将获得的 TK、TPK 与已有的 CK、PK 和 PCK 整合，并不断反思，建构 TCK（利用视频表征跨文化交际知识）和 TPACK。

TPACK 框架及其知识成分可用于分析 C 老师从发展 TK、TPK 等基础知识到建构 TPACK 的过程，然而，有关 C 老师所建构的 TPACK 则需通过分析 TPACK 要素及要素间关系的发展加以呈现。

三、要素发展：整合技术的教学策略发展最明显

C 老师的整合信息技术的课程知识、教学策略、有关学生的知识、评估知

识、统领观念等 TPACK 要素均有明显发展。

1. 课程知识：应用性与目标化

C 老师有较丰富的课程知识。针对慕课教学，考虑到为期 4~6 周的课程完成率较高，教学组从校内为期 18 周的面向本科高年级和研究生一年级的课程中选取了 5 个主题，具体包括理解跨文化交际、情境化文化身份、厘清文化价值观差异、比较文化交际方式、助力跨文化适应，涵盖跨文化知识、能力和态度。相较于校内课程，该慕课内容少、深度浅。该慕课提供的案例和阅读材料真实反映了社会文化环境，具有较强的实用性。例如，在最后一周的课程回顾中，很多学习者在论坛提到课程具有实用性；300 多名学习者提到自己在生活中面临跨文化问题是学习此课程的动力。

规模化、差异化的慕课学习者的参与拓展了 C 老师的课程知识。例如，学习者在论坛分享知识，推荐有关多元文化的 TED 演讲、媒体报道；具有不同文化背景的学习者的参与让 C 老师切实体验和感知了多元文化，并将其转化为教学资源。

在慕课平台工作人员的引导下，C 老师意识到课程目标的重要性。考虑到面向大众化学习者，该慕课以认识和理解等学习目标为主，主要涉及反思自身身份和文化认同、了解他人文化并进行比较，以及了解文化价值分类及理论解释等。

2. 整合技术的教学策略：多样化与活动化

C 老师在慕课平台的支持下，在教学策略方面进行了较大调整，主要涉及用视频等多媒体资源进行内容表征，采用多种适合慕课教学的学习活动，在学习支持方面主要依靠研究生助教开展在线互动和答疑等。

（1）内容表征：多样化与碎片化。

C 老师通过慕课教学形成了对如何用视频呈现跨文化交际内容的初步认识：跨文化交际教学视频应具有多样化、碎片化等特征，以吸引和促进学习者学习。

①多样化。在第一次基于脚本拍摄的视频中，教师形象僵硬、从头讲到尾、互动性差，这促使 C 老师在行动中反思慕课与之前的在线教育的区别，并观看慕课平台上有吸引力的视频，习得 TK，然后重新拍摄视频，采用教师

对话、交谈或讨论等多种视频录制方式，拍出更自然的视频。针对文化冲击、价值观和身份认同等抽象概念，教学组在视频中使用了“离水之鱼”“文化行李”“洋葱”等比喻，形象的比喻使诸多学习者在论坛中分享自己的经历、感受和启发。此外，为了避免视频形式单调，在技术组的支持下，教学组还尝试采用内外景变换、主讲与穿插讲解相结合等方式，并在视频制作过程中使用字幕和关键词提示、图片或幻灯片转场过渡等多媒体技术（TK），以吸引学习者持续自学。C 老师有关内容表征的 TPACK 发展过程详如图 6-2 所示。

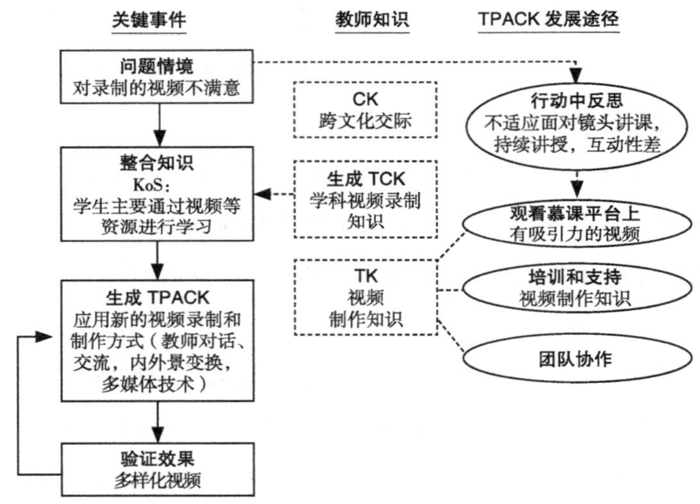

图 6-2　C 老师 TPACK 发展：内容表征

②碎片化。教学组在视频拍摄过程中担心视频过多，来不及拍摄。FutureLearn 平台则建议视频数量不必过多，但要短小精悍，单个视频时长为 2~5 分钟即可。视频碎片化及视频仅是一种学习资源的原则大大减轻了教师视频拍摄的压力。这是 C 老师“以前上课不会考虑的，备课也得备一个半小时（的内容）”。教学组最后决定每周提供 3~5 个视频，5 周的课程总计 20 多个视频，且视频仅作为一种教学资源使用。

我对 C 老师的访谈促使她回顾自己学习慕课的经历并从学习者的角度对如何拍摄视频进行行动后反思。基于自身的慕课学习经验，C 老师提到慕课主题对慕课学习来说是第一位的："对有的课程我是真的感兴趣，无论你讲成什么样子我都有兴趣"，然而，"有的课程我明确看到教师其实挺下功夫、挺努力的，但是我感受不到，也听不进去"。其次是教师讲得好。C 老师在学习北京大学某位名师开设的社会科学研究方法慕课的同时注意观察其视频制作，认为该视频的拍摄"一点儿艺术性都没有"，而且"一次录那么久"。但 C 老师仍"要学这门课，就希望听听他是怎么讲的"。可见，缺乏艺术性且时长很长的视频并没有显著影响 C 老师这类目标明确的学习者的视频学习参与度和满意度，C 老师认为北京大学这位名师"讲得好，我听得进去"。此外，这位名师还在视频中"穿插课堂上学生提的问题"及教师做出的回应，但是 C 老师认为："其实我觉得穿不穿插都一样，我就是觉得他讲得好。所以，有时我甚至不看画面，因为那个画面没什么可看的。"

教师在设计慕课时还需要考虑学科内容及慕课学习者的规模化、差异化特征。C 老师在访谈中进一步反思自己所讲授的跨文化交际慕课与这位名师的社会科学研究方法慕课的差异，指出由于本学科内容的系统性不够强，不能采用教师长时间讲解的视频呈现方式，这进一步加深了其对本学科慕课教学视频碎片化的认识。

"那种形式（北大名师慕课）如果放到我们的课上，我想绝对不可行，这样就没人听了，因为我们的课程系统性没那么强，不像（北大名师慕课）一环扣一环，缺哪一节都不行。"

除了教学视频，该慕课还提供了文章等文本阅读材料。例如，为适应拥有不同先前知识的学习者，该慕课提供了原版经典文献，供有一定先前知识的学习者学习，同时以通俗易懂的方式概述文章主要内容，便于时间有限或阅读原版经典文献有困难的学习者学习。不同媒体资源和学习活动可满足不同学习形式偏好与文化群体的需求。然而，C 老师发现学习者对视频和讨论活动的评论最多，对文本阅读材料的反馈较少，可见优质的视频对慕课学习者的重要性。此外，教学组通过有意识地点拨、字幕和关键词、超链接等方法或技术引导学习者关注知识点之间的联系。

综上所述，C 老师通过慕课教学建构的内容表征方面的认识包括，作为重要的学习资源，跨文化交际的教学视频应具有碎片化、多样化等特征，以吸引学习者持续学习。在访谈过程中，C 老师基于自己的慕课学习经验进行行动后反思，认为对于系统性强的课程，其视频时长可适当延长，并补充了“内容为王”、讲授艺术性两个特征。

（2）学习活动：获取与应用。

在慕课设计过程中，C 老师首先想到的是将已有 PCK（体验学习）迁移到慕课教学中。结合慕课平台提供的培训及持续的教学设计支持所获得的 TPK，C 老师将 PCK 转化成 TPACK，即采用学习步骤法将每周的学习内容分为若干小节，每个小节整合多样化的学习活动和资源，并通过在线教学指导精练、明确地呈现出来，便于学习者理解和完成。具体到每周的学习活动，C 老师则先针对具体的跨文化现象提出问题，引导学习者反思，然后引导学习者按照网页上的学习步骤学习视频、文章等多媒体学习资源（见图 6-3）。

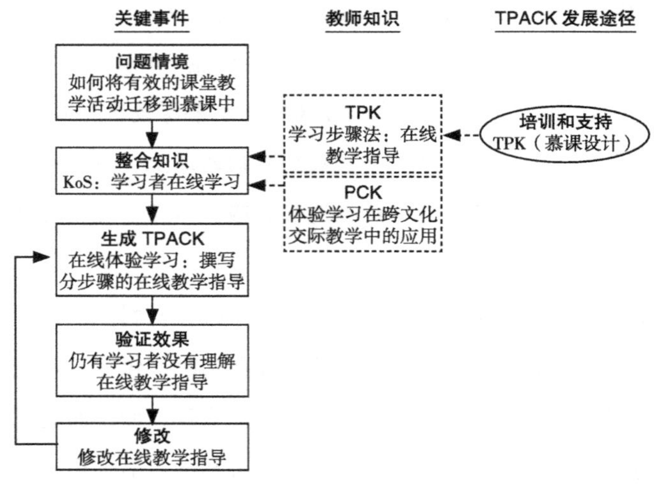

图 6-3　C 老师 TPACK 发展：校内学习活动在线化

C 老师进一步开展行动中反思，认为如果只是迁移校内教学所采用的体验学习，“用不用慕课都一样”，遂进一步探索适合学科内容的慕课教学法，根据学科内容选择案例分析、讨论、作业等学习活动，让学习者应用所学，具体包括如下内容。

①获取和讨论。教学组的 3 位教师在第一周的课程中通过视频讲述了各自的“文化故事”，2000 多名学习者在论坛分享了跨文化经历及阅读他人分享后的感悟；在课程视频中使用“离水之鱼”“文化行李”“洋葱”等比喻分别解释文化冲击、价值观和身份认同等抽象概念，吸引了众多学习者在论坛分享类似经历和感受以及自己在学习过程中获得的启发。

②探究和讨论。

a. 使用案例教学方式，引导学习者针对实际问题探讨跨文化冲突的解决办法。然而，C 老师发现在慕课教学中开展案例分析活动时，相似观点重复率高，且需在论坛里翻很久才可能发现好的案例分析和不同意见。

b. 除了沿用课堂教学活动，C 老师所在教学组还注意探索适合慕课教学的学习活动，以体现慕课特色。例如，C 老师所在教学组考虑到慕课的开放共享性（TK）、慕课学生的规模化和学习时空的灵活性（KoS），设计了有“脚手架”支持的社会观察及分享的学习活动，即要求学习者观察空间使用方面的文化差异，并在论坛中开展讨论。学习者在论坛中分享时提到自己在亚洲、非洲、欧洲、美洲等地的咖啡馆、火车站、宾馆、沙滩、体育场所、学校、医院等多种空间中进行观察。图 6-4 呈现了 C 老师有关新的学习活动的 TPACK 发展过程。

c. 学习者在课程网站提交“文化故事”作业并进行同伴互评。

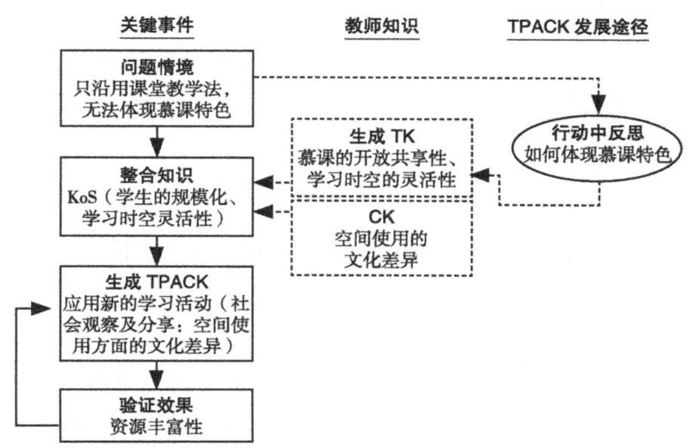

图 6-4　C 老师 TPACK 发展：新的学习活动

总之，该慕课以观看教学视频这类获取型学习活动为主，在平台教学设计的支持下，C老师所在教学组还整合了讨论型和探究型学习活动。贯穿课程的基于论坛的讨论为学习者表达概念及对实践的反思、了解教师和同伴的概念及获得他们的反馈提供了可能，学习者“有话可说”，学习参与度提高，学习者的自我发现、自我意识能力也有所增强。然而，仅有部分学习者参与表达和实践；学习者在课程论坛中的互动少；学习者的思考普遍处于较浅的层次，即列举得多，深入探究少。

（3）学习支持：答疑与表达。

C老师有关学习支持的TPACK发展经历了从仅要求研究生助教管理论坛，到对学习者论坛讨论参与度不高的情况进行行动中反思，进而整合CK、TK和KoS（学习者的规模化、差异化），制定论坛回复规则，包括明确助教分工，强调答疑的时间限定性、讨论的开放共享性，学习者论坛讨论的参与度有所提高（见图6-5）。

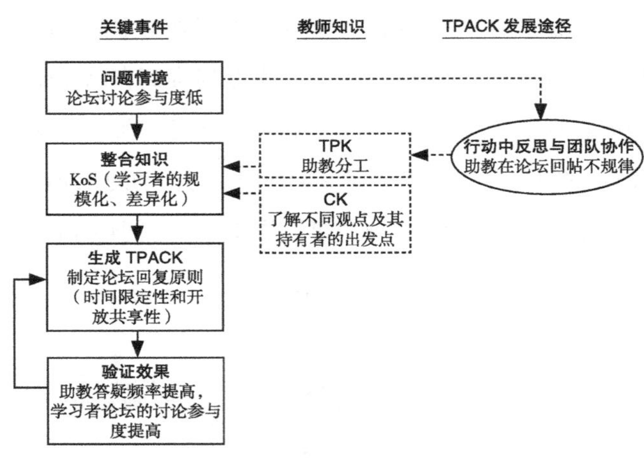

图6-5 C老师TPACK发展：学习支持

基于跨文化适应网络研究背景，C老师注意观察、分析和研究慕课学习者在论坛中形成的关系和网络，以及所形成的网络对学习者的影响。然而，C老师发现即使不使用社会网络，也能预测慕课教学所形成的关系和网络及其对群体的影响。相较于其他社交网络，慕课论坛中形成的关系和网络非常单调，即大多数是散点，只有为数不多的点之间有连接。

“在FutureLearn平台上，如果用网络代表（学习者的关系）的话，（这将）是一个很boring（枯燥）的网络，……好像不外乎就是一群点里面有几个点互动，有几个点连起来，剩下的大部分都是散点，互相没有任何关联。”

有连接的点大多是助教、教师和有一定先前知识的学习者，他们会对他人的评论做出回复，回帖较多；大多数先前知识较少的学习者则仅发表评论，很少回帖。此外，在慕课中，教师和学习者的存在感都不强：“即使在论坛中评论过一个人的观点，也可能对这个人没有任何印象。”

因此，C老师认为慕课教学中的互动具有单调性、随机性的特征，其所形成的网络具有连接弱、影响小的特征。这是因为慕课虽然提供了互动机会，但互动“脱离了真实的社会网络”，“缺乏社区或群体的概念”，而且“慕课论坛中发生的互动非常随机”，“慕课中形成的网络对整个群体的影响非常小”。然而，由于缺乏TPK支持，C老师在慕课教学中有关学习支持的TPACK没有继续发展，而是停留在答疑和鼓励学习者表达的层面（见图6-6）。学习支持需要教师投入一定的时间和采取具体的策略，构建充满信任的环境，促进学习者开展有意义的交流和讨论、展示个性特征、发展人际关系，从而增强学习者的社会存在感和认知存在感。例如，针对纽约州一所开放社区学院的一、二年级学生的阅读类课程，比尔·佩尔茨在最初的破冰活动中让学生体验由学生主导的讨论，以增强学生承担大部分学习责任的意识和能力。[1]

---

[1] 比尔·佩尔茨.我的网上教学三原则[J].郭文革，译.开放教育研究，2007(6):30-38.

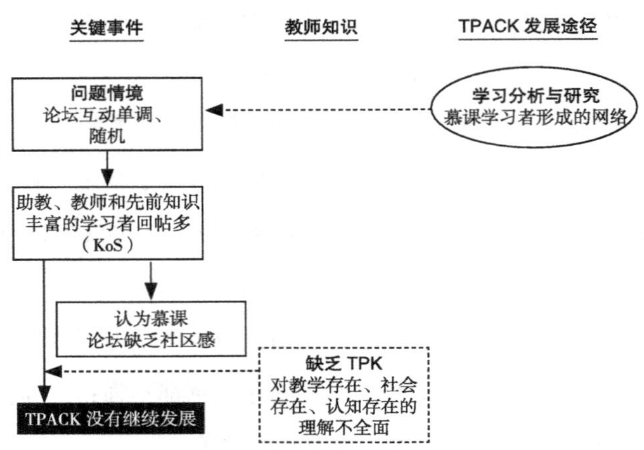

图 6-6 C 老师 TPACK 发展受阻：学习支持

3. 有关学生的知识：规模化与差异化

在传统课堂教学中，教师对学生的先前知识、学习困难有一定的了解。然而，在慕课教学中，C 老师通过阅读论坛发帖才对学习者有所了解，最初并“不知道谁会来学”。C 老师将这种现象称为“师生双盲”。

C 老师的慕课定位为在大众通识课程，对跨文化这一话题感兴趣且能听懂全英文授课的学习者都可以学习该慕课，学习者不需要具备专业基础知识。因此，关于这一话题的慕课学习者的规模远远大于校园课程学生的规模。

慕课学习者不但规模大，而且年龄等呈现差异化，部分学习者是老年人。慕课学习者的先前知识的差异也较大。C 老师在论坛中有关“身份认同”的讨论中发现，有些学习者毫无基础，但也有不少学习者有相关工作背景，包括教授跨文化课程的教师、有多年国外培训经历或正在其他国家经历跨文化适应过程的人士。拥有不同的先前知识的慕课学习者的学习需求及参与度也有所不同。例如，最初反应最强烈的是经验较少的学习者，他们喜欢精彩的案例、有趣的事实，但在评论时只能给出某一个角度的解释；有经验的学习者对分析框架等理论知识更感兴趣，愿意深入分析，且能给出多角度的解释。慕课学习者差异大的好处在于他们践行了共创知识的概念，有经验的慕课学习者会回复新手的问题或困惑，有些回复连教师也认为很精彩。差异化还体现在学习坚持方面，只有少部分慕课学习者能坚持完成学习任务，绝大多数慕课学习者由于各种原因难以坚持完成学习任务。例如，部分慕课学习者有自身的学习目标，一旦达到目标就会离开，可能不会参与论坛讨论等学习活动。

C 老师发现慕课教学吸引了全球的学习者，形成了跨文化交际空间，为学习者体验和理解多元文化提供了真实场景，有助于师生更直观地体验和理解跨文化交际。

“因为（这）真的是一种全新的方式，尤其对我们这个课程而言还是蛮有用的。因为（我们的课程）本来就强调文化多元化，我们自己教了这么多年，学生群体变化并不是很大，无非就是教留学生和教本土学生有一点儿差别，本土学生文化差异小。但是到慕课这个层面，整个规模太大了。所以我们看他们（学习者）的一些留言，还有一些介绍，就觉得至少你涉及（多元文化）了。”

考虑到慕课的有用性，C 老师还积极开展基于慕课的校内混合教学，让校内学生也参与慕课学习。其第二轮慕课教学与校内教学同步。此外，C 老师和同事还收集了校内学生的在线评论、学习日志，并对学生进行深度访谈和问卷调查。通过分析发现，尽管教师将论坛发帖算作部分成绩，学生对新的学习方式依旧需要一个适应过程，即从最初持观望态度发展到开始发表评论并积极回应其他学生的问题。

4. 整合技术的评估知识：多元化与深入化

为了呼应培养多元视角的课程目标，教学组设计了开放问题，例如，请学习者分享身份认同和价值观，并采用同伴互评的方式进行评估。然而，C 老师发现这样做难以评估学习者的学习成果，评估内容还有待改进。

由于学习者规模大及慕课平台功能的局限，C 老师难以了解个别学习者的学习变化，尤其是“潜水者”的进步，只能通过学习者在论坛的讨论情况，大致了解学习者整体对内容的掌握情况。

此外，C 老师认为在慕课教学中不仅要关注学习者的发帖数量，还应关注其发帖质量。然而，教师要花很长时间才能在论坛中发现有深度的评论。可见，慕课论坛的搜索、数据挖掘等功能还有待完善，这样才能帮助教师更快捷、深入地了解学习者的学习情况并开展评估。

"有的时候我觉得光数评论的数量其实完全没有用，因为很多评论就两三个字，对于我刚才提到的那个问题，我不知道我要搜多长时间才能搜到有深度的评论。这个是我不太喜欢的。"

慕课评估中的新问题促使C老师基于自己的研究背景探索慕课学习者在论坛中形成的网络，并进一步查阅相关文献，探索适合的慕课评估方式。

在基于慕课的混合教学中，C老师和同事增加了形成性评估所占的比重，平时成绩和期末考试成绩各占50%，且评估更关注学生在讨论、协作任务中的参与度与贡献率，以及英语应用能力。最终，49名学生共提交了245篇学习日志及2050条在线评论。

5. 整合技术的学科教学统领观念：体验和理解跨文化交际

由于专业发展方向定位为学科科研，C老师认为自己的主业是科研，之前在多数情况下将教学作为任务，"教学就是去上课"，只要"传递了知识就可以了"，且对课程内容的熟悉使自己"越教越有惰性"，每次只会开展局部教学创新。这表明C老师在开展慕课教学之前的学科教学统领观念停留在知识传授层面。

新的技术和教学方式的引入，使慕课教学成为"一种创新，一种体验"。慕课教学"实验性强、改革自由度高"，增强了C老师进行教学改革的信心，使喜欢尝试新事物的C老师有机会以"全新的姿态"面对教了多年的课程。

"第一个影响我觉得就是这个课程我教了好多年了，（慕课教学）让我以一种全新的姿态去面对它，就好像我又愿意去革新了，以前可能越教越有惰性，因为你已经熟悉了，就好像对于变革，每次可能只尝试一点点新的（东西）。这个（慕课教学）好像就让我觉得是一个新的平台、新的方式，可能我会愿意去多查一些文献，多了解一些形式，多尝试一些新的东西。"

慕课推进优质教学资源的普及，学习者通过慕课学习产生了进一步学习和深造的愿望和行为。

“特别是我们的慕课开设以后，很多学生通过这个了解到上海还有这么一个专业。他就有兴趣了解，后来就有人因为慕课和我们联系，说能不能来这儿读研、读博，这是我们没有想到的。”

在基于慕课的混合教学中，C 老师与同事结合语言学习目标与跨文化交际能力增强目标，基于收集的数据（包括学生提交的学习日志和在线评论、对学生课堂展示的观察）进行分析，随机对 10 名学生进行访谈，同时对学生进行满意度调查。C 老师和同事发现，学生对基于慕课的混合教学的满意度较高，且学生认为自己的英语应用能力和跨文化交际能力得到了增强。

（1）学生满意度较高，包括认为教学内容丰富，教学方法多样；评估方式合理科学；跨文化语境真实有效。

（2）增强了学生的英语应用能力与跨文化交际能力。英语应用能力增强体现在学生的学习热情得到激发，90% 的学生认为慕课采用学习步骤法整合视频、文本与拓展阅读等资源，自己可通过在线评论实现与其他学生的互动，学习热情得到激发，英语学习的被动态度有所改变；学生的思维能力和表达能力得到发展，例如，在课程初期，大多数学生不发表评论，从第四周起，80% 的学生可以使用复杂长句发表评论，且能积极回答同伴的问题；学习习惯得到转变，学生不仅可以习得词汇和语法，而且可以应用新学习的语言知识进行交流，习得跨文化交际技能。跨文化交际能力的增强则涉及跨文化认知、跨文化态度、跨文化技能等方面的发展。

学生的积极反馈坚定了 C 老师的整合技术的学科教学统领观念，即整合技术可促进学生英语应用能力和跨文化交际能力的增强。

四、要素间关系发展：课程知识与教学策略、评估知识之间的关系最紧密

通过慕课教学，C 老师的 TAPCK 要素均得到发展，且多个要素间形成了连接（见图 6-7）。

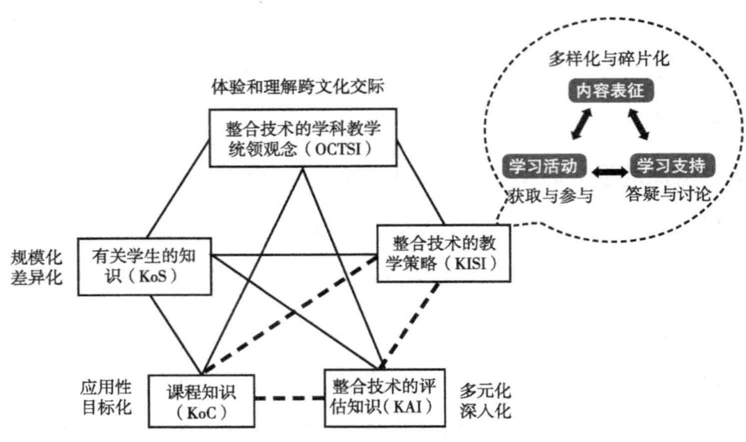

图 6-7　C 老师 TAPCK 要素及要素间关系

首先，在慕课教学过程中，C 老师的 KoC、KISI、KAI 之间的连接最明显（见图 6-7 虚线条）。在慕课平台的持续支持下，C 老师的 KoC 得到发展，她初步意识到课程目标的重要性，并在 KoC、KISI、KAI 之间建立了联系。例如，C 老师在访谈中提到为了呼应强调多元视角的课程目标（KoC），教学组设计了开放问题，请学习者分享自身身份和价值观（KISI），并采用同伴互评的方式（KAI）进行评估。这 3 个要素之间的关系的建立是其他要素发展和形成连接的基础。

“整个课程的目的就是要 know how，know what，know why，还有很重要的就是 know yourself。所以我们课程的核心其实是怎么带出你自身的文化，然后从这个视角出发去了解他人的文化。所以我们的很多练习和设计都是鼓励你挖掘自身。”

其次，C 老师通过慕课教学，对学习者有了更多的了解（KoS），其 KoS 与 KISI、KoC、KAI 分别建立了初步的连接。例如，针对规模化、差异化的慕课学习者（KoS），C 老师减少内容、降低深度并强调课程的应用性（KoC），采用多种视频形式表征内容、整合讨论型和探究型学习活动、在论坛为学习者及时答疑（KISI），并采用同伴互评的方式（KAI）进行评估；为具备一定先前知识的学习者（KoS）提供原版经典文章（KoC）；为学习有困难的学习者（KoS）提供通俗易懂的文章简述（KISI）；根据学习者的反馈（KoS）对知识的呈现顺序和难度（KoC）进行微调，并商讨确定论坛回复频率和原则（KISI）。

KoC、KISI、KAI、KoC 的发展和连接又促进了 C 老师 OCTSI 的发展，即从知识传输发展到促进学习者对跨文化交际的感知和理解。例如，在教师的引导下，来自全球各地的学习者构建了真实的多元文化场景（KISI），学习者可以更直观地感知不同的文化（KoS），了解文化差异（KoC），进而理解跨文化交际（OCTSI）。尽管 C 老师发现慕课学习者在论坛讨论中存在内容层次浅、互动少等问题，但由于精力有限、缺乏相应支持等，C 老师没能在推进学习者的认知存在和社会存在、构建在线探究社区方面进行进一步探索。

C 老师和同事探索将跨文化交际慕课融入大学英语课堂，以增强学生的英语应用能力和跨文化交际能力，适应当前的大学英语教学目标。校内学生的积极反馈使 C 老师意识到学生可在课外通过慕课开展自主学习，课堂则可作为师生互动的场所，用于重难点讲解、答疑解惑、成果展示、讨论交流，从而有效解决长期困扰教师的课堂教学课时有限、教学内容单调、学生参与度低等问题。学生的积极反馈坚定了 C 老师对英语教学与技术整合的统领观念，即要同时实现语言能力和交际能力两个层面的外语教学目标。

第三节　外在支持与个人反思相结合

在将校园课程转化为慕课的过程中，学校的推动和支持、平台的教学设计支持、教学组的协作等较丰富的外在支持帮助了 C 老师尽快完成课程转化，并发展了其 TPACK。

一、学校的推动和支持

学校推动慕课发展，以及在技术和教学设计培训方面的支持使C老师有机会亲身参与慕课教学，从慕课学习者转变为慕课教学者。学校推动体现在学校从校内挑选成熟的课程，并与课程团队协商将其转化为慕课。学校支持包括视频制作方面的技术支持和少量教学设计培训。在慕课教学的实践过程中，C老师对教学设计的核心要素有了一定的了解和应用，但还缺乏对核心要素之间的关系的系统认知，即尚未将教学设计的核心要素——学习目标、学习活动和学习评估之间的一致性紧密关联起来，更像是“自说自话地进行教学设计”。学校后期提供的教学设计讲座有助于C老师建立对教学设计的系统认识。

二、平台的教学设计支持

高校教师普遍缺乏教学设计和在线教育方面的理论性概念和支持，将课程与技术整合是其弱项。尽管之前看过或学过很多慕课，C老师认为自己难以总结出系统的教学设计理论。

“我听了不少Coursera的课，在进入这个领域之前，其实我也了解过一些（理论），但是我没有章法，零零散散地知道些东西，然后做的时候我就觉得依据什么呢，就是没有依据感。”

因此，C老师认为自己很幸运能和FutureLearn平台合作。该平台引导C老师初次开展在线教育，C老师在慕课设计和教学过程中获得了教学设计和在线教学知识（TPK）。该平台提供的培训和支持为C老师奠定了TK和TPK基础，有助于其在慕课教学过程中构建TPACK。

“等于说是有人带着，否则的话你要说一开始没有任何培训，我觉得我们真的是无从下手。……如果没有支持，我们就难以总结出在线教育经验，在开展在线教育时也就没有依据。”

在访谈过程中，C老师多次提到FutureLearn平台的要求，包括要求降低深度，吸引更多学习者；简化内容，采用学习步骤法；不能在网页上粘贴原文，需概括文章内容；注意前后内容的关联。FutureLearn 平台的建议包括澄清在线教学指导，使学习活动多样化。

“一开始是希望我们这个课程吸引更多人。所以在深度上面我们势必是会降低的，如果以后对这个没有要求了，仅仅是希望提供一定的学术背景，那我们可能会在内容上再加深。

“（FutureLearn）要求我们一定要把内容简化，简化为一小节一小节的。

“（FutureLearn）好像很关注这个。学习步骤也是为了让学生能够一小步一小步地做，‘积跬步’嘛。如果学生觉得这是一个大的任务没法做，他们就先帮你分解，然后学生不需要点开额外链接就可以完成每一步，这个是他们的要求。

“FutureLearn 要求尽量不要贴原文，可以将其作为下载内容，但要求学生即便不点开，也可以在这个页面上了解大致内容。

“FutureLearn 也要求我们要尽量提醒学生这个（内容）和前面的（内容）关联。

“FutureLearn 给我们的建议是活动肯定是可以有的，但是不像课堂上的，所以就要求让学生一看就懂你的 instruction（指导），这个其实花了挺长时间的。

“FutureLearn 对这个没有硬性要求，他们就希望你能够多样化，我们就尽量保证每一个小节中的内容至少是有多层次的。”

C 老师进一步指出，在慕课设计之前不仅要向教师介绍慕课平台和课程结构，还需要对教师进行系统的教学设计培训，帮助教师理解慕课平台设计要求背后的教学设计思想，为其开展慕课设计提供系统性、理论性依据，提高其慕课设计的效率和质量。例如，C 老师在开展慕课教学之后通过查阅相关文献，意识到自己之前的慕课设计缺乏依据。

“之前在教育技术方面没有指导，之后我觉得我们返回去看文献，对课程设计进行结构化，那就是一个后置。我们不知道当初设计时有没有考虑这一点，好像有点儿自说自话的感觉。”

现有慕课平台仍存在不少局限，C 老师建议慕课平台在论坛中增加关键词搜索、置顶评论等功能，以便教师快速搜索信息。

三、教学团队的协作

教学团队的协作和互相鼓励使 C 老师有信心面对新事物可能花费的精力和需要学习的技能等方面的挑战，为其提供了互补的视角并保证了课程质量。

“有一个团队，互相支持，有经验丰富的教师带着青年教师一起做，感觉更容易坚持下去，视角上形成互补，慕课质量的把关也有多重保障。”

尽管教学团队成员有多年合作经验，但在慕课设计和教学过程中，他们进一步探索了协作模式。例如，在缺乏教学设计人员和项目经理的情况下，在视频拍摄过程中，教学团队遇到了课程设计协调难和进展缓慢的问题。

“因为没有一个总体负责的项目经理，大家到最后就是互相协调来协调去，没有人能够拍板，事情推进得很慢。老师们总归都是很忙的，所以找时间很困难，然后协商下来决定了又做不了。”

教学团队遂改变工作方式：3 位教师利用周六或周日一整天的时间，首先集中讨论每周的教学内容、分工，然后和学校技术组沟通，高效地录制看起来更自然的视频。

目前，教学团队的 3 位教师分别结合自己的研究兴趣研究慕课，例如，一位教师基于自己的教育技术与传播学的学科背景从社会学习视角切入，另一位教师从价值观、文化融合视角研究慕课。2016 年，教学组申请了学校和上海市的教改项目，期望不仅把慕课当作教学任务去完成，同时要挖掘其中的科研价值。

“尽量推动自己，不要就事论事，不要光把慕课当作一个教学任务去做，所以我们 3 个人都在看文献，都在了解我们能做点儿什么。”

然而，C 老师仍然感觉欠缺有指导和深度合作的学习共同体，她希望有教学经验、设计经验和不同学科研究背景的教师能一同参与，形成学习共同体。这将有助于提高慕课教学和研究的效率，吸引更多人参与慕课教学。

四、不断反思与研究

C 老师在慕课教学过程中不断开展反思与研究。例如，C 老师在慕课教学过程中进行了 3 次明显的在行动中反思：反思慕课视频与以往在线课程有何不同；反思沿用校内教学法将无法体现慕课的特征；反思如何提高学习者在论坛的参与度。在两轮慕课教学之后，C 老师意识到自己在教学创新和科研中面临的挑战和问题。

首先，C 老师认为归纳形成的教学经验不够丰富、系统，不能确定已有经验是否具有普适性。

“教学上面我们多多少少可以总结一些经验……然而我们也不知道总结出来的这些经验是不是有普适性。”

其次，在科研方面，C 老师感觉科研前景美好但很模糊，不清楚教学研究的缺口，认为教育理论支撑不够，缺乏理论框架来分析已有的经验和数据，无法扩展。

“（我）觉得科研应该能做点儿什么东西，科研的主题也都拎出来了，可是对什么样的问题值得问，没有概念，就是整个科研始于一个很美好但是很模糊的憧憬。……你们对整个教育技术比我们了解得要全面，会有理论支撑。我们看（文献）时就会东一榔头西一棒槌，有时觉得可以这样看，但是仅限于此，没办法扩展。这是我最大的感觉，就是我看文献时都不知道该怎么联系他们，看一篇是一篇，所以就觉得收获不大。……真的就无从下手。每次我就会想数据也有了，经验也有一些，但是能干什么，我还是吃不准。”

C 老师认为自己只是慕课教学的参与者，仅仅尝试了一下，有待提升教学经验的教学价值和科研价值，找到研究方向，增强收获感。C 老师和同事对基于慕课的混合跨文化外语教学是否有助于增强学生的跨文化交际能力和英语应用能力开展了研究。研究发现，在跨文化交际能力方面，学生的跨文化认知和态度都发生了积极的变化；在英语应用能力方面，学生的学习热情得到激发、思维能力和表达能力得到增强、学习习惯有所改变；学生认为混合教学的教学内容丰富，教学方法多样，评估方式合理科学，跨文化语境真实有效。该研究将教学创新提升到学术层面，进一步促使 C 老师的 TPACK 深入发展。

总之，慕课教学过程对 C 老师来说也是一个学习过程。慕课平台的以学生为中心的 TPK 及课程设计培训和支持、教学组的协作和支持、学校提供的教学设计培训以及学校技术人员的技术支持对 C 老师 TPACK 的建构起到了重要作用。科研定位促使 C 老师将慕课教学创新上升到学术层面，较强的学习能力、反思能力和研究能力推动 C 老师不断完善 TPACK。因此，C 老师参与慕课教学更深层次的动力在于其意识到技术带来了新的科研理念，期望技术对自身的学术研究有所贡献。然而，C 老师感到科研前景美好而模糊，仍需要教育理论方面的支持。

第七章

HY 老师：扩散驱动的 TPACK 发展

我和HY老师相识于一个外语教学微信群，我们一起讨论有关在线教育和慕课教学的话题。HY老师于2002年进入中央广播电视大学，主要从事远程开放学历教育，负责英语专业的多门课程，之前曾在北京第二外国语学院做过两年外语教师。2007年学成回国，HY老师参与了学校和英国开放大学合作的网络教育从业人员培训项目，主要负责英国开放大学“在线学习辅导”在线课程的本土化改造工作，并担任该课程的课程组组长，开展了多期针对中央广播电视大学教师和普通高校教师的在线培训。2012年，随着学校转型为国家开放大学，HY老师开始尝试在校内开展在线学历教育，建设了“媒体辅助英语教学”网络核心课程，该课程于2014年春季学期开始运行。在国家开放大学2017年春季学期在线教学数据分析报告中，在课程教学过程综合指数排名方面，“媒体辅助英语教学”在130多门网络核心课程中名列第一。该指数从师生在课程教与学的过程中参与的广度、深度和持续度等3个方面综合考察一门课程的表现。然而，该课程的可持续性和可推广性在开放大学受到质疑，不少教师认为该课程之所以取得成功，是因为学习者少，教师多且投入大，该课程并不具有可持续性和大范围推广的可能。

2017年，为了验证在线课程模式的可推广性和可持续性，同时实现优质课程共享，在国家开放大学的支持下，HY老师及其团队完成了对“媒体辅助英语教学”的改造，并开始在国内知名慕课平台中国大学MOOC运行课程。截至2019年5月，学习者对该慕课的评分为4.9分（满分为5分）。据爱课程网官方统计，300多所国内外高校的学生参加了4期学习，其中不乏“985”和“211”学校的学生，也包括美国（如匹兹堡大学、科罗拉多州立大学等）、英国（如曼彻斯特大学、南安普敦大学等）和加拿大（如主教大学等）等国外高校的学生。其中，新疆师范大学组织学生参加该课程的学习，并且计算学分。目前，该课程已经有近两万名国内外各行各业的学习者学习。随着该课程的社会影响不断扩大，多家媒体先后对HY老师进行了采访。此外，HY老师探索的“跨区域、一站式团队在线辅学”教改模式也受到学术界的关注，北京大学、北京师范大学、华东师范大学、华南师范大学和北京教育科学研究院等知名高校和科研院所的研究者，从不同角度对 HY 老师的慕课开展研究。在 2018 年“北京市高等学校教学名师奖”的评选中，HY 老师从众多竞争者中脱颖而出，为开放大学获得历史上首个“北京市高等学校教学名师奖”。2019 年，通过差额竞争，HY 老师成功当选中国英汉语比较研究会新成立的外语教育技术专业委员会的首批理事，是唯一一位来自开放大学的代表。同时，他还受邀担任国际 SSCI 期刊和多个国际会议的审稿专家和议程委员会委员。这些都说明了 HY 老师的影响力和学术界对其的认可。

本章将深入分析 HY 老师的慕课教学过程及其 TPACK 发展过程，探讨其如何整合技术、学科内容和教学法。

第一节　慕课教学过程

一、慕课设计：沿用已有在线课程

相较于 HY 老师在开放大学的网络课程，“媒体辅助英语教学”慕课的“学习内容变化不大”，“学习活动基本不变”。由于慕课平台无法提供针对每一位学习者和教师的详细的在线学习行为数据，HY 老师对学习评估稍做调整，增加课件作业所占分值（5 次课件作业占 90 分）。整体而言，该“课程要求不太高，一般学习者都可以学习”，主要面向中小学英语教师和职前教师。

1. 课程目标

课程目标包括了解媒体辅助中小学英语教学的基本原理；熟悉并掌握英语教学课件制作的方法、常规步骤和注意事项；能制作综合运用文本、声音、图像和视频等多种媒体手段且能引发学习者的英语学习兴趣的课件。

按照学习任务类型与掌握水平矩阵表，[1]HY 老师慕课的课程目标分布见表 7-1。可以看出，课程目标侧重于“如何做”知识和“为什么”知识（尤其是原理性知识）；不仅关注了解和理解层面的课程目标，更注重应用层面的课程目标。

表 7–1 HY 老师慕课的课程目标分布

类别	了解	理解	应用
	称呼或陈述、辨别、再现	解释、举例、分类、总结、推断、比较、说明	评价、执行、实施或创造
“是什么”知识（事实与概念）			
“如何做”知识（程序 / 规则 / 步骤）		熟悉并掌握英语教学课件制作的方法、常规步骤和注意事项	能制作综合运用文本、声音、图像和视频等多种媒体手段且能引发学习者的英语学习兴趣的课件
“为什么”知识（策略、动力与原理）	了解媒体辅助中小学英语教学的基本原理		

2. 学习活动

与课程目标侧重理解和应用相呼应，学习活动设计注重师生互动和实践操作。该课程分为 3 个模块，其中，模块一为破冰行动；模块二为基本原理介绍，即介绍媒体辅助英语教学的发展阶段、相关理论和相关问题；模块三为实践模块，又细分为 5 个子模块，从理论和实际应用角度重点介绍了具体技术工具（两个软件、两个 PowerPoint 插件和两个云应用）在语法和词汇训练、阅读训练、听说训练、写作训练等具体教学实践中的运用。

[1] 盛群力，钟丽佳，张玉梅．大学教师教学设计能力知多少？高校教师教学设计能力调查 [J]. 开放教育研究，2015(4):44-51.

值得一提的是，教学团队在教学第一周将媒体辅助英语教学的小规模限制性在线课程（Small Private Online Course, SPOC）中行之有效的破冰行动移植到慕课中：一方面帮助学习者了解和适应在线学习，“给学习者提供有针对性的辅导，包括如何学习这门课程，需要注意什么等”；另一方面有助于“快速营造在线学习的社区氛围”，增强学习者的社会存在感，减少学习者在自主学习过程中容易产生的孤独感，并“为后面的合作学习奠定基础”，增强学习者的合作学习能力。破冰行动在慕课中很受欢迎，很多学习者觉得它很新奇。无论是 SPOC 中还是慕课中的破冰行动，都体现了 HY 老师丰富的在线教育实践经验。

摒弃了传统高校教材编写中居高临下、有距离感的表达方式，该课程采用学习指南和学习任务的方式，通过有指导的教学会谈[1]串联学习资源和学习活动，拉近师生之间的距离（以模块三为例，见图 7-1 和图 7-2）。这需要学习者开展深入的自主学习并完成作业。

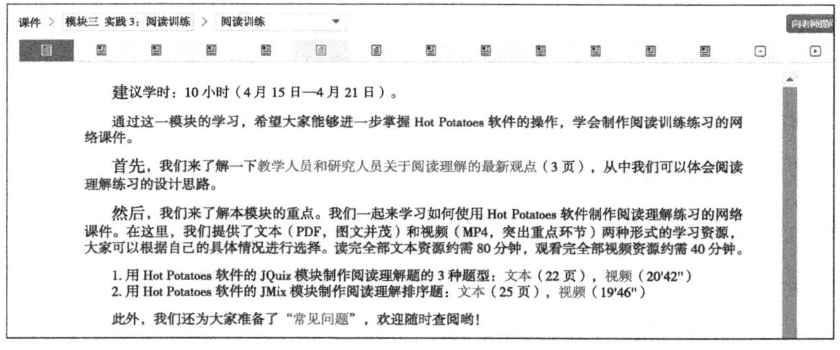

图 7-1　学习指南

[1]Holmberg B. The conversational approach to distance education[J]. Open Learning: The Journal of Open, Distance and e-Learning, 1999,14(3):58–60.

学习任务：

大家可以根据自己的教学实践，选择一篇短文，用 Hot Potaloes 软件的 JQuiz 或 JMix 模块制作并提交"阅读理解"网络课件，然后评价其他同学的课件。作业提交与互评：点击这里（满分：17 分）

1. 作业要求：点击查看
2. 课件样例：点击下载
3. 优秀作业展示：点击下载

交流社区：

若同学们需要学习指导、作业点评、答疑解惑等，可以来讨论区进行交流：点击进入讨论区

扩展阅读：

1. 用"The Masher"功能将各种习题课件进行链接（7 页）
2. 用"The Masher"功能进行课件链接后的页面外观的设置（5 页）
3. Hot Potatoes 课件交互功能设置的创新运用（20 页）
4. 用 JQuiz 设计 Short-answer 题目备选项的问题讨论（3 页）
5. 不同试题前后链接的操作（2 页）

如果大家学有余力，不妨浏览一下这 5 项学习资源，以进一步提高自己的课件制作水平。加油！

温馨提示：如果你想听到本模块组长　　　　的专访录音（包括本领域最新观点、课程运行心得体会等），请点击这里。

图 7-2　学习任务

学习者在课程评价中也提到自己需投入较多时间和精力学习课件并完成作业。

"每个实践都有配套作业，作业量相对较大，需要留出足够的时间（最好是双休日）。"（墨墨紫，第三期学员）

"两个月的学习，让我重新回到学生时代，用心学习课件，用心做作业。（我）学到了许多新的知识，获得了许多感悟。"（GD 潘鹏，第三期学员）

3. 学习评估

慕课仍沿用 SPOC 的 100% 形成性评估的方式，然而，考虑到慕课平台功能有限，即慕课平台无法提供精细化的在线学习行为数据和分析，教学团队在评估方面稍做调整，"去掉了在线学习行为的分数，调整了讨论和课件作业的分值和比例，增加了课件作业的分值"。因此，评估内容涉及讨论区讨论和课件作业。其中，讨论区讨论占 10 分，涉及模块一的破冰行动和模块二关于媒体辅助英语教学理论的讨论；课件作业共 5 次，合计 90 分，主要采用同伴互评的方式进行评估，重点考察学习者设计并制作媒体辅助英语教学课件的能力与技巧。为了保证同伴互评的客观性和准确性，HY 老师及其团队设计了申诉机制。

二、学习支持：建构在线探究社区

第一轮慕课教学在 2017 年 9 月 25 日—12 月 19 日运行。辅学团队在支持服务方面既有具体分工又有密切配合，提供了从星期一到星期天的从早到晚的不间断支持服务。其支持服务手段包括慕课讨论区、QQ 群、邮件，以及基于 Windows 系统的远程桌面连接一对一支持等，以强化慕课教学的教学存在、认知存在和社会存在，建构在线探究社区。

“老师在教学过程中有 Push（督促），这种督促可以在一定程度上弥补在线教育实时反馈（缺乏）的缺陷。”（余睿文 ThomasRaven，第二期学员）

1. 认知支持

HY 老师在慕课平台提供的课堂交流区、综合讨论区、老师答疑区的基础上，根据课程特点增设了 5 个实践模块讨论区。

学习者参加的计分讨论发生在课堂交流区，涉及两个主题的讨论。第一期从开课到结课，课堂交流区一共产生了 6095 个帖子，如图 7-3 所示。开课后约一个月内，学习者的讨论比较密集，发帖量呈迅速上升的势头，平均每天的发帖量约为 154 个。进入实践模块之后，学习者的主要任务是设计、制作辅助英语教学的课件。

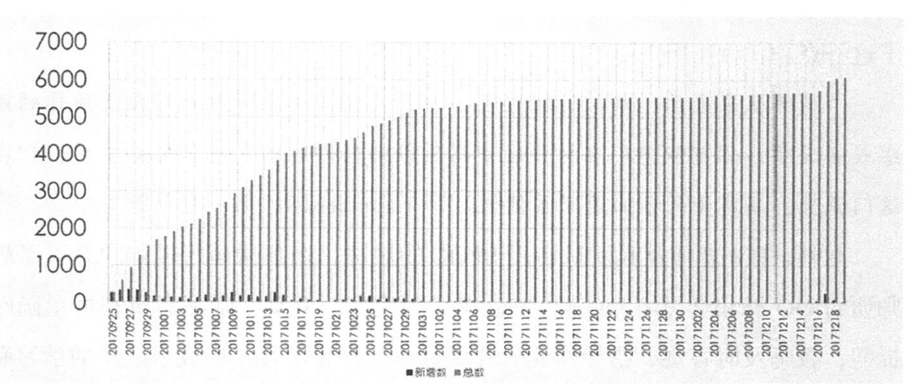

图 7-3 学习者参加的计分讨论

综合讨论区的发帖量也是在开课后一个月内快速上升，之后进入平稳状态。第一周除了设计破冰行动，HY 老师及其团队还从社会存在的角度设计了主题为“社交之角”和“你的期待或担忧”的讨论，学习者在学习之余可以自由交流在工作和生活中的收获，以及表达对课程的期待或担忧，这有助于打消他们的顾虑，帮助他们增强完成课程学习的信心。综合讨论区的发帖总量为 400 个。

设置老师答疑区的主要目的是促使学习者提出希望教师解答的有关作业、测试、课件内容的疑问。开课后的一个月左右，答疑比较集中。老师答疑区的发帖总量为 291 个。

为了更精准地为学习者提供针对每个实践子模块的支持服务，HY 老师及其团队单独开设了 5 个实践模块讨论区，5 个实践模块讨论区的发帖总量为 977 个，平均每个讨论区有 196 个帖子。实践 1 的发帖量很大，这可能是因为在开课之初参与的学习者比较多。从实践 2 至实践 5，随着时间的推移和学习难度的增加，发帖量呈阶梯上升的趋势，这也体现了课程学习难度的梯级设计。

8 个讨论区的发帖总量为 7763 个，入选爱课程网发布的中国大学 MOOC 2017 课程团队每周答疑最多课程 TOP25，名列第八位。HY 老师通过调查发现，85.86% 的学习者认为讨论区对自己有帮助。学习者对课程的评价也印证了这一点。

“虽然从未见面，却似近在咫尺，他们（教师）无时无刻不在关注你的困惑或者进步，你可能觉得在讨论区中得到教师的即时回复感觉像是中奖，但在这门课里，高质量的秒回是家常便饭。”（applelss09，第一期学员）

此外，HY 老师及其团队沿用 SPOC 的做法，在慕课运行过程中开通了教师研讨 QQ 群和学习者 QQ 群。QQ 群供师生实时互动，学习者可在群里随时提问，教师及时答疑、指导作业、开展讨论、督促学习，形成了浓厚的学习和交流氛围。在第一期慕课运行过程中，两个 QQ 群的交流记录之和为 485667 字。同期采用 SPOC 模式的两个 QQ 群的交流记录之和为 375741 字。91.91% 的学习者认为 QQ 群对自己的帮助很大。

“在公告栏处还有本阶段学习的 QQ 群！这让我很意外。怀着好奇心，我加入了，发现很多学员在线与老师们沟通，询问在学习过程中出现的各种问题。老师对每个学生的作业都会做出点评，并建议大家完善作业。我突然之间发现，这门课我报对了，它对我的学习绝对会有好处。”（王阳，第二期学员）

“这门课程是我在中国大学（MOOC 平台）里遇到的最有爱的课程，没有之一。因为这个课程的教学团队中的每位老师都能通过 QQ 群及时地帮助每位学员（解决）其在学习过程中遇到的困难，对学员的作业也能一一指导。”（LizzyHsu，第二期学员）

“各位任课老师都特别积极，督促（学员学习），QQ 群的讨论氛围很棒。”（英语老师 _ 韩朝霞，第二期学员）

“我们的 QQ 群异常热闹，这是积极向学的好现象。”（余睿文 Thomas Raven，第二期学员）

为了实现更好的辅学效果，从模块三的第一个实践子模块起，教师们主动增加了“预点评”环节，在同伴互评之前对学习者的课件作业进行点评，学习者可根据点评意见不断修改作业。学习者对作业预点评的认可度为 84.85%。教师及时、细致的点评、建议和鼓励促使学习者深入思考、不断完善，完成课程学习。

“你的每份作业都有机会获得老师的预点评，你可以在互评作业前发现你作业中的不足或者闪光点。”（applelss09，第一期学员）

“我实践 1 的作业目前提交了 4 次。每一次提交，老师都认真批改，给我提出中肯的建议，鼓励我做得更好。”（我不喜欢起名字，第二期学员）

“课程亮点是团队老师们对提交的课件作业的预点评，学员通过重新思考、不断修改完善和尽量接近完美。”（广东 sunny，第二期学员）

“老师们及时细致的点评也给了我们很大的鼓舞，让我们顺利完成了该课程的学习。”（赵健瑞，第二期学员）

预点评促使学习者不断完善作业，形成对学习的积极态度。

“也正因为这样的点评，你会不由自主地或者‘被强迫地’不断完善、修

改作业，让自己不断向前！你可能会通过学习这门课程而爱上学习，痴迷于学习！”（applelss09，第一期学员）

此外，该课程沿用了“常见问题”的设计，88.88% 的学习者认为“常见问题”对学习有帮助；还沿用了“光荣榜”的设计，树立学习榜样，鼓励大家力争上游。

总之，教学团队通过慕课讨论区、QQ 群及时答疑、批改作业，并反馈给学习者，督促学习者不断学习。

“慕课学习是自主学习，我们都是利用业余时间进行的。有时候时间不够忘记完成作业，或者做作业不及时，老师们都会及时提醒并督促，这一点我觉得特别好。”（北斗星空 mooc4，第四期学员）

2. 情感支持

教师也给予了学习者很多情感支持，这让身处各地的慕课学习者感受到温暖，增强了学习的信心。有学习者在第一期因少交一门作业没能及格，进入第二期学习后，他最初还担心老师觉得自己“迷糊又拖拉”，“没想到老师们都欢迎我回归，都鼓励我坚持下去，我感到很温暖”。有学习者一份作业提交了 4 次，每次都得到了老师的认真批改，还获得了中肯建议和鼓励。

“团队的老师们兢兢业业、热情服务的精神令学员们非常感动！感觉老师们时时在你的身边，真正是一门有温度的网上课程，根本没有孤独感。”（广东 sunny，第二期学员）

“课程团队里的老师分工合作，工作热情很高，几乎 24 小时在线，我在学习中遇到的任何问题，总能得到老师们的及时回复。而且，回复里总是充满鼓励之词，鼓励着工作忙碌的学员们坚持下去。”（caohaix，第二期学员）

“（令我）感受更深的是这里的教师团队，他们时时刻刻的陪伴和鼓励是我能够顺利完成学习，而且总想把作业做得更好的最大原因。”（GD 潘鹏，第三期学员）

“课程团队非常活跃，十分尽职尽责，能够保证不遗漏学员，也会为部分及时提交作业的学员以反馈和指导，十分贴心，为课程团队点赞。”（墨墨

紫，第三期学员）

这些情感支持有助于形成社会存在，减轻学习者在情感上的孤独感和认知上的挫折感，促使其坚持完成学习并实现深度学习。同时，教师的情感支持还会起到潜移默化的作用。例如，有学习者将所学到的知识以及慕课教师的敬业精神、互助精神和教学策略运用到工作和学习中，其学习观也发生了变化，认识到“学习，让我成为更好的自己”。

“在这门课程的学习中，你会得到一种持续向前的努力能力，因为有一群时刻鼓励你、督促你的‘热血’教师！”（applelss09，第一期学员）

“这是迄今为止我遇到的最好的授课团队。在这里，老师的敬业让你只想做到最好，同学的‘疯狂’让你不敢懈怠。”（Daisymooc542，第二期学员）

“课程虽然已经结束，但它对我继续学习的激励作用依然存在！”（赵健瑞，第二期学员）

据调查，学习者对学习成就感的满意度为 86.87%，对在线学习效果的满意度为 83.84%。此外，91.92% 的学习者认为通过学习该慕课增强了自主学习能力，95.96% 的学习者认为通过学习该慕课开阔了视野，88.89% 的学习者认为通过学习该慕课增强了创新意识。

“最后连自己都惊讶于自己的进步和能力。这门课程可以让你获得无限的想象力和创造力，大大地激发你的潜能！”（广东 sunny，第二期学员）

三、团队建设：不断完善

慕课设计和学习支持离不开教学团队的投入。HY 老师考虑到来自全国各地的教师的工作量，并且征求了他们的意见，最终确定由 9 名教师组成慕课团队。慕课团队比 SPOC 团队的人数少，这主要是为了回应教师多且投入大的质疑。

慕课仍然坚持 SPOC 的模块小组运行模式，每个模块配备 1~2 位教师，设一位组长，开展基于小组的辅学支持服务；每个小组分上午、下午、晚上实行值班制度；其他小组进行有限“协防”，基于模块分工运行、相互支援，并沿用值班制度。此外，HY 老师将一位教师从课程组组长助理提为副组长，将另一位教师从模块组长提为组长助理，以使他们更好地协助自己开展工作。第一期学习者对辅学团队及时而主动的支持的满意度高达 91.92%；对辅学团队帮助自己保持学习动力的满意度高达 90.91%。

HY 老师根据慕课运行情况，不断完善课程教学团队：第二期慕课运行期间教学团队增加了一位教师；第三期慕课运行期间，课程组从学习者中挖掘了有能力、有意愿协助教师团队工作的国家开放大学办学体系外的教师担任实习助教，增强了团队的支持服务能力。

相对于校内 SPOC，尽管慕课学习者的规模较大，但慕课教学主要依靠同伴互评方式进行评估。教师主要提供预点评、QQ 群支持等方面的支持服务，工作量相对可控。此外，由于平台技术限制，教师无法跟踪每一位学习者的情况，难以提供精准支持服务，慕课团队的工作量反而比校内 SPOC 团队的工作量小。

第二节　TPACK 迁移与发展

在参与慕课教学之前，HY 老师已有一定的 CK、PK、PCK。此外，HY 老师有一定的在线教学经历，通过留学和在线教学实践积累了一定的 TCK、TPK（在线辅导）、TPACK。

基于在线教学实践和研究，HY 老师将已有 TPACK 迁移到慕课教学中，进一步发展 TPACK。

一、要素发展：KoS 发展明显

1. KISI：交互性与实践性

HY 老师基本沿用校内在线课程的教学策略，并根据慕课学习者规模化、差异化等特征，及时做出调整，如增设预点评这一学习支持，督促和帮助学习者不断完善作业等。

（1）内容表征：针对性。

该慕课主要提供了两类资源：图文 PDF 文档和视频。图文 PDF 文档采用学习指南的设计方式。考虑到课程涉及大量英语教学软件的操作及注重实践性的特点，该慕课全部采用录屏讲解式视频，没有采用传统的教师图像与 PPT 结合式视频或课堂实录式视频。

学习者除了认为教师在教学视频中“讲解细致，演示到位”（广西李柳英，第四期学员），还指出该慕课使用了多种媒体手段，如将文本和视频相结合等，可满足不同学习者的需求。

“非常棒的设计！课程内容通过文本和视频相结合的方式呈现，满足了学习的需求。”（caohaix，第二期学员）

第一期慕课运行过程中的资源利用结果显示，文档浏览人次为 4639，富文本浏览人次为 2757，视频观看人次为 1583。阅读学习文档的人次远远多于观看视频的人次，是视频观看人次的 3 倍左右。这使 HY 老师意识到应根据学科内容和学习者特征，呈现形式多样的资源，不应局限于视频这种单一的内容呈现形式。

“这似乎颠覆了人们的一种认识，即学习者更喜欢看视频，听老师讲。如果学习文档就能满足学习者的需求，那么视频可能相对就不那么重要了。”

此外，在课程页面呈现方面，HY 老师及其团队舍弃了慕课平台不太友好的视频和文档导航栏，改为学习者只需点击“学习指南”和“学习任务”中的文档或视频标题即可进入学习页面完成学习，不需要多次跳转。

（2）学习活动：获取、应用与社交。

HY 老师及其团队主要设计了有引导的自学、讨论型学习活动、实践型学习活动，尤其是制作课件的实践作业，需要学习者静心学习原理并将其转化为具体操作。例如，有学习者提到自己一开始想像学习其他课程一样采取“应付过关”的方式，结果发现这一方式不适用于这门课程，这门课程需要完成很多实践作业。一位同学提到，“尽管之前学了很多慕课，但是我拿到这门课的优秀证书比拿到其他课的优秀证书要高兴得多！”这是因为他“在这门慕课中付出了更多的精力！”

尽管需要花费一定的时间和精力，但这些活动，尤其是实践型学习活动得到了学习者的认可，他们可以将所学直接用到自己的教学实践中。例如，有学习者认为这次慕课学习经历的“含金量很高”，所学的东西“比在大学学的东西管用多了”，因为它“是可以用于社会实践的东西”。有教师通过应用所学软件和方法在相关教学比赛中获奖。例如，某县一位初中教师称“这次学习经历是人生中的一笔财富”，她能在教学实践中应用所学知识，促进自己的学生学习，并获得同行的认可。例如，她将在课程中学到的软件操作穿插在教学活动中，激发了学生的学习积极性；她还在学校举办的“教学能手”评比活动中获得一等奖，并在市微课大赛中获得一等奖。一位中学教师用课件作业参加当地的微课大赛，获得英语类二等奖。

此外，考虑到慕课学习者之间基本都是陌生的，缺少传统的校园环境和氛围，在正式开始学习课程内容之前，HY 老师通过设计的社交学习活动，让学习者相互间快速认识，营造在线社区的氛围，消除学习者的陌生感和孤独感，为后续学习做好准备。

（3）学习支持：丰富化。

开课前两个月为慕课推广阶段，其间会有学习者选课。慕课学习者选课情况显示，该慕课首次出现学习者选课是在 2017 年 7 月 24 日，当时课程尚未正式上线。在开课前的两个月内，每日选课人数比较平稳。进入 9 月后，每日选课人数开始增加，特别是在开课前两周左右，每日选课人数迅速攀升，并在开课当天达到顶峰。之后，每日选课人数迅速回落。这让 HY 老师意识到“开课前尽快完成课程准备，并加强宣传非常重要”。

开课后一个月内新增选课人数基本维持在每日 10~20 人。这进一步使 HY 老师确信，开课后的一个月内需注意和学习者互动，提高保持率，吸引更多学习者参与学习。

“在开课后的第一个月内，学习者对课程的满意程度也非常重要，要求团队尤其要注意这段时间和学习者的互动，这不仅有助于留住学习者，而且有助于吸引更多的学习者参与学习。”

如前所述，该慕课通过讨论区、QQ 群等技术手段提供了多种学习支持服务，包括及时答疑、作业预点评、监督、指导、反馈、鼓励等。学习支持有助于增强慕课学习者的自我效能感，提升其学习效果，提高其学习质量和完成率。例如，有学习者一开始就“打起了退堂鼓想要放弃”，教师们告诉她不能轻言放弃，让其重拾了信心，坚持到了最后；有学习者从最初认为难以完成任务，经过多次观看视频和浏览资料，并在教师指导下完成后，感到“很有成就感，意识到自己的潜能，增强了自信”。类似地，有学习者提到自己从一开始收到学习任务的彷徨和茫然，到后来在教师们“一步一步地指引”下学习每一个知识点的过程中变得坦然。教师提供的远程协助，对作业的及时反馈，以及对下一份作业的截止时间的提醒，还有耐心、及时的指导，有问必答，都给予其鼓励、安慰和帮助，“安慰我慢慢来，不着急，鼓励我肯定行，一定会成功的”。还有学习者对提交作业后，教师会及时批改作业并反馈，感到非常惊讶，其学习态度也发生了改变，“突然之间发现，这门课我选对了”。

此外，HY 老师及其团队的教师“既专业严谨又不乏亲切，认真负责又不失幽默”，在慕课教学中建构了“和谐、情谊深厚、亦师亦友”的师生关系，使学习者“对这门课的学习充满了热情”，同时这种和谐的师生关系有示范效应，使参加慕课教学的中小学教师深受影响。例如，有一位参加慕课学习的教师“将这种和谐延伸到自己的课堂”，改善自身教学，并促进研究，其研究课题“和谐师生关系促进学生成绩提高”获得市级一等奖，后来他还被评为县优秀教师。

2. KoS：规模化与差异化

相比开放大学的学生，慕课学习者的规模化与差异化更为显著。在规模化方面，该课程在开放大学体系中仅是一门选修课，每个学期只有几十人选修，但相关慕课课程一个学期就有 3000 人左右选课。2017 年 9 月 25 日~12 月 19 日，该慕课累计选课人数为 2738 人。结课后，该慕课被设定为完全开放的状态，学习者可以继续学习，但是无法参加讨论和提交作业。截至 2018 年 1 月 29 日，该慕课累计选课人数为 3363 人。

差异化体现在慕课学习者的年龄和背景方面。慕课学习者的年龄差异较大，“有刚成年的学生，也有白发老者”。此外，慕课学习者的背景也有较大差异，大致分为在校生和社会学习者，其学习动机、学习目的、学习行为都呈现出差异化。其中，在校生的学习目的比较明确，期望习得知识和技能，并能获得学分。最让 HY 老师惊讶的是，有高校组织学生集体学习这门慕课，并授予学分。例如，新疆师范大学组织英语专业学生参加慕课课程学习。在第一期慕课运行期间，该校大二和大三年级共 6 个班的学生参与学习，通过率在 90% 左右。

“第一期慕课居然吸引了新疆师范大学近 150 名英语专业的学生集体参与学习，并且学校给学分！现在是第三期，新疆师范大学又组织了几十名学生集体学习，还给学分。”

非官方组织的在校生学习课程获得的分数和证书可以存入“学分银行”，将来可兑换学分。不同高校的学生通过慕课一起学习，一方面可以获得相应的知识和技能，开阔视野，增强创新能力。另一方面能结交朋友，加强校际联系。随着课程影响的扩大，HY 老师的慕课中来自普通高校的学习者人数稳定增长，特别是作为学分课程学习的在校生人数增长较为稳定。

其慕课学习者中还有大量社会学习者，包括大中小学英语教师、英语培训机构的教师，以及从事其他行业的学习者。有学习者在课程留言中形象地描述了 HY 老师的慕课的学习者来源，具体内容如下。

“你可能已经是，或者将来会成为英语教师，想通过学习增强自己整合技术与教学的能力；或者你只是一个想学习点儿新鲜事物的‘淘课者’；又或者你跟我一样也是慕名而来，想看看这门传说中的有‘温度’的课程到底特别在哪儿。我相信不管你是哪一类人，你都会通过学习这门课有所收获，有所感悟！”（applelss09，第一期学员）

然而，学习者大多利用业余时间自主学习，且一些学习者面临着对在线学习的适应、自主学习习惯的培养和自主学习能力的增强等方面的挑战。

“有的学习者在其他慕课中是‘混’过来的，但是我们的课程不让‘混’，任何作弊和抄袭都是严禁的，他们吃了很多苦，才坚持学完课程，才能拿到优秀证书。”（HY 老师）

很多学习者无法坚持到最后，完成所有的学习任务。截至 2017 年 11 月 20 日这一课程结束日，选课人数有 2363 人，但只有 143 人通过考核，平均通过率约为 6.05%。集体组织学习的在校生的通过率远远高于这一平均值，例如，新疆师范大学英语专业大二年级 3 个班的通过率为 96.2%，大三年级 3 个班的通过率为 80.2%。

尽管 HY 老师认为慕课学习者由于学习动机和学习目的不同，在课程中满足了自己的需求就是成功，但是教师还是可以进一步思考如何了解慕课学习者并推动其完成学习任务，例如作业提交表明学习者完成了某个模块的学习，教师则可以思考如何通过提高作业提交率来提高慕课完成率。

3. KAI：过程化与成果化

HY 老师在慕课教学中仍主要采用形成性评估，注重评估学习者的知识应用能力，其 KAI 具有过程化与成果化的特征。由于慕课平台无法提供学习者在线学习行为数据，HY 老师将学习者参与讨论区讨论的情况与课件作业完成情况作为主要的评估内容，其中学习者在讨论区的讨论占 10 分；5 次课件作业占 90 分。课件作业的评估主要采用同伴互评的方式，重点考察学习者设计并制作媒体辅助英语教学课件的能力与技巧。

4. KoC：应用性与目标化

HY 老师有着丰富的媒体辅助英语教学知识，其慕课程内容涉及技术在英语听说读写教学中的原理及应用，紧密贴合职前教师和一线教师的需求。有学习者在留言区提到如下内容。

“本课程所学习的课件制作软件非常实用，覆盖了英语教学中听说读写每个技能的训练。在教学实践中使用这些技术，能够大大提高你的教学水平和教

学质量，让你的教学实践过程‘高大上’起来。”（广东 sunny，第二期学员）

此外，HY 老师有较强的课程目标意识，其课程目标不仅关注了解和理解层面的学习成果，更注重应用层面的学习成果。学习者通过课程学习不但能了解媒体辅助英语教学的基本原理和方法，还能制作出综合运用文本、声音、图像、视频等多种媒体手段且能引发学习者英语学习兴趣的课件。

5. OCTSI：强调应用能力

HY 老师注重通过英语教学增强学习者的英语应用能力。慕课学习者对课程的评论也反映了这一点。例如，学习者反映该慕课将理论和实践结合，内容具有实用性，所涉及的课件制作软件贴近一线教师或英语培训者的教学实践。

“Snap 课件可以协助教师便利地制作微课，有利于在教学中实践翻转课堂，调动学生的积极性；Hotpotatoes 软件能帮助教师制作形式多样的题目，检测学生的学习情况；VoiceThread 的听说训练可以使师生基于云端进行互动，拓展了师生交流的时空。”（caohaix，第二期学员）

“这是交互性、互动性极强的一门课程，涉及英语教学的各个板块，如词汇、阅读、听说、写作等。通过学习该课程，你可以让英语课堂更加丰富，增强英语课堂的交互性、趣味性。这门课程是英语教师提升自己的首选课程！”（北斗星空 mooc4，第四期学员）

该慕课虽没有过多内容，但有助于学习者更好地掌握知识和技能。

“虽然没有特别多的课，但是每节课的内容我都实实在在地学会了！”（李子木 Wendy，第四期学员）

有在职教师提到自己很受启发，意识到这门慕课的学习意义和价值，即开阔学习者的眼界，引发学习者整合信息技术与英语教学的兴趣，提高在职教师的教学水平和教学质量，乃至促进教学研究。

“这是我第一次参加慕课平台的学习。（它）开阔了（我的）眼界，进一步引发我钻研信息技术和英语教学结合的兴趣。实用技术，助力教学。”（书香入梦 - 白兰，第四期学员）

“在这门课程的学习中，你会接触很多新的多媒体教学工具，你可以尽情地发挥你的想象力和创造力，打造一个个你以前从未尝试制作过的课件。在每一次创造的过程中，你的教学设计思路也会随之开阔，从而不由地感叹，原来可以这样上英语课！”（applelss09，第一期学员）

“在教学实践中使用这些技术，能够大大提高你的教学水平和教学质量，让你的教学实践过程‘高大上’起来。”（广东 sunny，第二期学员）

还有一线教师提到学习这门课程不仅使自身受益，也能影响学生和孩子。

“不仅是我自己从本门课程中受益，我家上一年级的孩子也学着使用 Hotpotatoes 设计了字谜、匹配题，体验了 VoiceThread 的云端交流评论。”（caohaix，第二期学员）

截至 2019 年 5 月，学习者对该慕课的评分为 4.9 分（满分为 5 分）。最让 HY 老师感到惊喜的是学习者的积极反馈，有学习者表示学习该门慕课收获颇丰，促进了自己的职业发展，包括获奖、在公开场合引用课程内容并肯定课程价值等。

“最近，广东一位学习者在华南师范大学焦建利教授组织的 FERC 直播中，多次引用我们课程的内容并肯定我们课程的价值，表示学习我们的课程对自身的职业发展起到了很好的推动作用。

“有学习者用课件作业参加微课大赛，竟然得了一等奖，太令人惊喜了！例如，河南一所中学的老师在学习我们课程的过程中，用课件作业参加比赛，获得市级微课大赛一等奖，这大大增强了她的信心，她将所学应用到教学中，提升了教学效果，丰富了教学手段。

“学习者对我们的课程和团队非常认可！我们团队的许佩彤老师去成都出差，成都的慕课学习者主动和许老师见面，亦师亦友，这就是慕课的独特之处！”

HY 老师的慕课教学也得到了同行的认可，他陆续被多所高校邀请开设讲座。让 HY 老师没有想到的是，在某高校做学术讲座时，有教师主动提出要加入 HY 老师的团队，这也是慕课探索带给教师们的新机会。该慕课也成为很多研究者的研究案例。

从在开放大学体系内一学期只有几十人选修到3000多人选修慕课，慕课学习者呈现出规模化、差异化的特征。例如，有英国、美国、加拿大等国的大学生、研究生修读该慕课；有高校组织学生集体修读该慕课……来自学习者和同行的积极反馈和认可，让HY老师及其团队认识到了慕课的价值，增强了信心和自我效能感，认为“走出办学体系这条路走对了，这极大地增强了我们的自信心”。这进一步增强了HY老师及其团队基于SPOC和慕课进行“跨区域、一站式团队在线辅学”教改模式探索的信心和决心。

二、要素间关系发展：各要素间的连接得到加强

HY老师将已有的在线教育TPACK迁移到慕课教学中，TAPCK各要素之间的连接得到加强（见图7-4）。

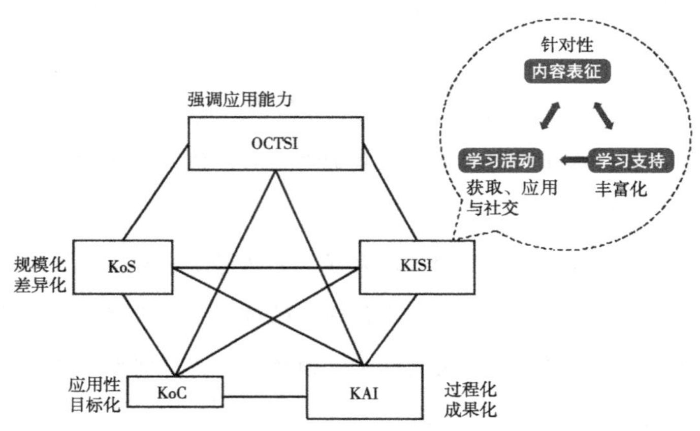

图7-4　HY老师TAPCK要素及要素间关系

HY老师的慕课的课程目标、学习活动和学习评估基本与SPOC一致，且具有较强的一致性：课程目标侧重于“如何做”知识和“为什么”知识（尤其是原理性知识），不仅关注了解和理解层面的学习目标，更注重应用层面的学习目标；视频部采用录屏式视频，以呼应课程中涉及大量英语教学软件的操作及注重实践性的特点，学习活动强调实践操作，以培养学习者的技能；学习评

估也注重实践结果，且采用同伴互评的方式进行评估。

HY 老师的慕课在学习支持方面也沿用在 SPOC 中使用的讨论区和 QQ 群。在慕课运行过程中，考虑到慕课学习者大多出于自愿学习且具有流失率高的特点（KoS），HY 老师及其团队采用教师预点评学习者作业的学习支持方式（KISI），督促和支持学习者学习和不断完善作业。通过慕课教学，HY 老师加强了 KoS 与 KISI 之间的连接。

慕课学习者的规模化、差异化，尤其是普通高校在校生选课及高完成率，以及学习者对课程实用性、教学策略和学习评估的积极反馈（KoS），增强了 HY 老师的教学效能感，增强了其对慕课教学增强学习者英语应用能力的信心和成就感（OCTSI）。

综上所述，HY 老师已有较丰富的 TPACK，直接将 TPACK 迁移到了慕课教学中。在慕课教学中，他更关注慕课学习者规模化、差异化的特征及其反馈，从而及时调整教学策略。

我本来一直在犹豫是否要访谈开放大学的教师，更多的是希望对参与慕课教学的普通高校老师进行访谈，从而为开放大学的教师提供借鉴。但在阅读 HY 老师资料及观看其慕课的过程中，我的这种“偏见”在一点点消失，我看到了开放大学的教师在将已有的成熟的在线教学经验迁移到慕课教学的过程中的探索和变化，以及收获的成就感和自信。

慕课学习者面临的主要困难是对在线学习的适应、自主学习习惯的培养和自主学习能力的增强。然而，这些困难是可以通过精细的指向深度学习的教学设计和学习支持服务克服的，这也是更重要的学习成果。开放大学的教师通过参与慕课教学，可在更大范围内展示其在课程设计、学习支持、团队协作方面的专业和敬业精神，让更多学习者受益，引发学习者的学习兴趣，促进学习者的学习，并激励学习者应用所学，改进自己的实践。目前，开放大学的教师亟须积极探索如何利用技术促进学习者学习，并加强教学学术研究，加强实践与研究的互动，和更多同行分享教学创新成果并展开对话和交流，以展示自身的独特贡献。

第八章

高校教师 TPACK 发展的跨案例分析

随着技术的快速发展及其在教育中的应用，高校教师将不断面对技术更新以及如何将技术与学科教学整合的现实问题。慕课教学为教师在实践中整合技术、教学法和学科内容，以及构建或发展 TPACK 提供了契机。高校教师主要通过培训或从同行处获得有关慕课的 TK、TPK 和教学设计知识，进而与已有的 CK、PCK 和 / 或 TPACK 进行整合。为了更深入地考察高校教师在教学实践中的 TPACK 发展过程，本章基于第五章至第七章的内容，从 TPACK 要素、要素间关系的发展，以及 TPACK 发展过程等方面分析慕课教学情境下高校教师的 TPACK 发展。

第一节　TPACK 要素发展

本研究从整合技术的教学策略（KISI）、评估知识（KAI）、有关学生的知识（KoS）、课程知识（KoC）、统领观念（OCTSI）等 5 个要素来分析 3 位案例教师的 TPACK 发展。案例教师的 TPACK 各要素均有所发展（见表 8-1），其中，KISI 发展最明显；KAI 也有明显发展；KoS 有所发展，慕课教学有助于教师更深入地了解学习者；KoC 得到拓展，案例教师初步意识到课程目标的作用；上述要素的发展推动了教师 OCTSI 的发展。

表 8–1 案例教师 TPACK 各要素发展情况

案例教师	OCTSI	KoS	KISI			KoC	KAI
			内容表征	学习活动	学习支持		
Y老师	慕课能大规模、低成本地增强学习者英语应用能力和跨文化交际意识	规模化、多元化	教学视频碎片化和场景化	从依赖视频教学的获取型学习活动到整合探究型、讨论型学习活动	从论坛答疑到促进讨论	（1）增强课程的适用性 （2）扩展至各年龄段学习者的英语学习	（1）以形成性评估为主（课后测试和课后练习占总分的 70%） （2）利用学习分析工具及时了解学习者的学习参与情况 （3）慕课学习可作为重要的先前英语学习成果
C老师	深入感知和理解跨文化交际	规模化、多元化、易流失、思考层次浅、互动少	（1）教学视频碎片化与多样化 （2）学习步骤法	（1）以观看视频、阅读文章等获取型学习活动为主 （2）整合探究型、实践型学习活动，并将讨论型学习活动贯穿整个教学过程	博士生助教在论坛答疑并鼓励学习者发言	（1）增强课程实用性 （2）扩展课程知识 （3）明确课程目标	（1）学习者分享身份和价值观 （2）同伴互评 （3）观察论坛讨论情况，根据自身研究方向关注慕课论坛所形成的网络
HY老师	增强学习者应用能力	规模化、多元化、易流失	（1）以学习指南方式呈现图文 PDF 文档 （2）录屏式视频 （3）页面呈现：舍弃视频和文档导航栏	整合社交型、获取型、讨论型、实践型学习活动	认知支持和情感支持：通过讨论区、QQ 群提供答疑、作业预点评、监督、指导、反馈、鼓励等	（1）丰富的媒体辅助英语教学的原理和应用知识 （2）关注理解和应用层面的课程目标	（1）形成性评估（讨论区讨论占 10 分；5 次课件作业占 90 分） （2）同伴互评课件

一、整合技术的教学策略：发展最明显

案例教师在慕课教学过程中 KISI 发展最明显。首先，案例教师在内容表征方面根据课程特点制作视频等学习资源，以便于学习者自学；其次，探索适合的慕课学习活动，激励和引导学习者学习；最后，通过论坛等进行答疑，提供有引导的讨论、情感支持，及时监督和指导学习者的学习。

1. 内容表征：从增强视频吸引力到整合多种资源

案例教师花费了不少时间探索如何录制教学视频，以增强视频的吸引力。例如，C 老师最初习惯于按照课堂讲授的方式录制教学视频，却发现从头讲到尾的视频互动性差，继而通过学习和分析慕课平台上有吸引力的教学视频，采用教师间讨论等多种方式录制视频，并在技术人员的帮助下采用多种多媒体技术手段。Y 老师最初不适应面对镜头讲课，后来认为教师形象对学习者的课程学习影响不大，索性缩减自己的出镜时间，邀请多方人士参与视频录制，采用教师与 PPT 结合式、动画式、实景拍摄式等多种方式录制视频，以呈现不同的英语会话情境。针对课程中大量英语教学软件的操作，HY 老师主要采用录屏式视频。

在传统教学中，教师对学生有一定的了解，会花更多时间选择讲课内容和制作 PPT；而在在线课程中，教师在慕课设计阶段无法为学习者画像并根据学习者的反馈及时调整课堂节奏。清华大学宁向东教授基于录制教学音频的经验对教学视频和线下课程进行了形象的比较：“线上课，是郭德纲的相声，一分钟没有笑点，（观众）马上走人。他根本不容你铺垫 10 分钟，最后才出包袱。……线下课，是马三立的相声。感兴趣的人，他会听你铺垫 10 分钟，甚至更长也没关系，他会等着你最后的包袱。”[1] 可见，在线课程中的教学音频不是简单地将传统课程切碎，而是需要进行专门的设计，在趣味和意味间寻找平衡，以吸引学习者。

除了制作教学视频，C 老师和 HY 老师受英国开放大学教学设计思想启发，采用学习步骤法或学习指南的方式整合视频、图文并茂的文档等各类学习资源

[1] 宁向东 . 我被罗振宇“洗脑”的三部曲 [OL]. [2017-06-15].

和学习活动，并简化课程页面，减少不必要的链接和跳转，以便于学习者学习。

2. 学习活动：从单一的获取型学习活动到整合各类学习活动

除了开展观看视频、阅读文章等获取型学习活动，案例教师还探索整合实践型、生产型、探究型、讨论型等多种类型的学习活动，以帮助学习者理解和应用所学知识。例如，在慕课平台的帮助下，除了以视频教学、阅读文章等获取型学习活动为主，C老师还整合了探究型、实践型学习活动，并将讨论型学习活动贯穿整个教学过程。HY老师基于已有的在线教学经验，并结合慕课学习者规模化、差异化的特征，整合了获取型、讨论型、实践型学习活动，尤其是多个课件制作实践活动让学习者将所学直接应用到教学实践中。Y老师则是在慕课教学过程中逐步探索适合本学科的慕课学习活动。例如，Y老师最初将传统课堂教学活动迁移到慕课中，主要设计了视频学习、讨论区答疑、课后练习、课后测试等活动，逐步挖掘慕课教学的可供性，整合分类讨论、查找Wiki资料等其他学习活动，引导学习者扩展语言输入、加强语言输出。

此外，考虑到慕课学习者大多互不认识，在慕课学习过程中缺少传统的校园环境和氛围，在正式开始学习课程内容之前，HY老师设计了社交型学习活动，以形成在线社区氛围，帮助学习者相互间快速认识，增强其社会存在感。社会存在感对慕课学习者消除陌生感和孤独感至关重要，并将影响其后续学习。

3. 学习支持：从答疑到提供认知支持和情感支持

由于慕课学习者主要依赖慕课资源进行自学，教师提供必要的学习支持有助于学习者坚持学习。这里的学习支持不仅限于答疑，还需要教师引导讨论、提供情感支持等。学习支持有助于促进慕课学习者深度参与学习，提升慕课学习的效果，提高慕课学习的学习质量和完成率。

然而，提供学习支持需要教师投入一定的时间和精力，而且教师对通过慕课论坛等途径提供学习支持的重要性的认识也需要一个过程。例如，C老师所在教学组在第一轮慕课教学中所采用的学习支持的方式较为单一，主要请博士生作为助教帮忙管理论坛，教师对回复什么、如何回复、回复多少等具体要求没有把握，只是被动地观察论坛里每周大概有多少助教回复、回复什么，结果论坛回复不规律，只有三四个助教回复得比较勤。其第二轮慕课教学与校内教学同步，教师确定了论坛回复的频率和原则：必须在一定时间内回复评论，评论无对错之分，主要在于分享；助教紧跟课程进度回复学习者在最近一周提出的问题。在第二轮教学过程中，论坛评论数和互动数远超第一次，学习者平均每人发表 5~6 条评论，几乎每条评论都有六七十个字，这在 FutureLearn 平台的众多课程中也较为少见。尽管发帖数量不少，但 C 老师发现学习者在慕课论坛中缺乏深层次互动和互相启发，学习者所发评论之间的互动少。尽管将讨论贯穿慕课始终，并请助教及时答疑和鼓励学习者发帖，但 C 老师还没有认识到教师在讨论过程中的引导作用。

Y 老师则从最初将慕课讨论区作为答疑空间，到后来探索设计不同类型的讨论并提供相应的引导和支持，吸引学习者参与讨论。可见，教师在讨论过程中进行引导和监督，可以为学习者的问题或概念表达提供外部反馈，促进师生、生生之间关于概念、实践的交流和反馈。曾获得美国斯隆基金会 2003 年度优秀网上教学奖的纽约州立大学赫基默社区学院比尔·佩尔茨教授在在线课程教学之初，先通过 3 个不计分的破冰活动让学习者体验和理解学习者主导讨论的内涵，破冰活动包括 “问题是学习的工具”“学习者成为讨论促进者的理念”“为学习者提供详细指导，让学习者一开始就能沿着正确的方向引领讨论”。[1] 例如，在“问题是学习的工具”破冰活动中，佩尔茨教授要求每个学习者在阅读每章内容的基础上，就一些重要观点至少提出一个与本章内容相关且能引发其他学习者进行思想性回复的批判性问题，然后引导和推动所有学习者展开讨论，从其他学习者处获得尽可能多的信息，并做出回应，从而开展多角度、多层次的讨论，同时还要积极参与其他学习者引领的讨论，至少从中选择 3 个问题予以回复。评论评分标准如下所示。

优秀（A）：4 分。

帖子内容准确，富于原创性，与教学内容相关，我们能够从中获得新知

[1] 比尔·佩尔茨．我的网上教学三原则 [J]．郭文革，译．开放教育研究，2007(6):30-38.

识，写作水平高。4分的帖子在“教学存在”方面有很大贡献，并且引发了关于这个问题的更多的思考。

好（B）：3分。

帖子至少缺乏上面列举的一个方面的要求，但是比2分的好。3分的帖子对于我们理解所讨论的问题有重要的贡献。

中等（C）：3分。

帖子缺乏上面提到的2~3个优点。仅凭个人观点或个人经历提出的看法，往往被归入此类。

符合要求（D）：1分。

帖子提供了很少的新信息或没有提供新信息。但是，1分的帖子为“社会存在”做出了重要贡献，有利于营造共同体氛围。

不接受（F）：0分。

这个帖子对于讨论没有任何意义。

没有惩罚。

这个帖子有很好的标题。标题提供了讨论的主要观点。通过标题，读者在阅读帖子之前就已经了解其主要观点。

惩罚：–1分。

帖子的标题符合要求。标题中只提供了帖子的关键词，通过标题，读者可以了解到帖子关注的主要方面。

惩罚：–2分。

帖子的标题拟得很差。标题只提供了很少的关于帖子的信息。

除了提供认知支持，对于慕课学习者来说，提供情感支持也是很有必要的。HY老师通过讨论区、QQ群等技术手段提供及时答疑、作业预点评、监督、指导、反馈、鼓励等多种学习支持服务，以增强慕课学习者的自我效能感，提升慕课学习的效果，提高慕课学习的学习质量和完成率。

二、整合技术的评估知识：方式多元化和内容深入化

在慕课平台的技术支持下，很多慕课教师增加了形成性评估所占的比重，采用机器评估、同伴互评、学习分析工具等多种评估方式对成千上万名学习者进行学习评估。除了用课后测试和练习等评估学习者的知识点掌握情况，一些慕课教师还尝试将学习者参与论坛讨论的情况、学习反思等作为评估内容，并开始评估学习者的知识应用情况。

1. 评估方式多元化

案例教师均注重形成性评估。例如，Y 老师的慕课注重平时成绩，其中课后测试分数占总分的 50%，课后练习占总分的 20%，期末考试占总分的 30%。HY 老师在慕课中完全采用形成性评估，其中讨论区讨论占 10 分，5 次课件作业占 90 分。

受国外慕课平台启发，案例教师尝试采用同伴互评方式进行学习评估。C 老师所在教学组请学习者对自身身份和价值观的反思进行互评，发现这一作业对学习者的影响远大于对教师自身的影响，很多学习者在论坛评论中提到在同伴互评过程中，自己有“醍醐灌顶”的感受，也有学习者说“很痛苦”。大多数学习者借此机会了解别人，也获得了理解，实现了课程目标之一——发现自我。HY 老师则主要让学习者互评制作的课件。

慕课教学将学习行为数据化，并存储了关于学习者学习反馈和学习行为的大量数据，对这些数据进行挖掘和分析有助于了解学习者的特征及其学习情况，实现因材施教；有助于评估学习资源和支持服务的质量；可以实现迭代更新，改善慕课设计，不断提高课程质量。有教师利用学习分析工具更全面地了解学习者的学习行为。Y 老师主动利用慕课平台提供的学习分析工具了解学习者的课程学习情况，包括哪些是活跃的学习者，如发言次数较多的学习者。C 老师根据自己擅长的社会网络分析法分析慕课论坛的发帖和讨论情况、学习者所形成的网络，发现有连接的点大多是助教、教师和有一定的先前知识的学习者，他们会对他人的评论做出回复，回帖较多；先前知识较少的学习者则大多仅发表评论，很少跟帖。目前，学习分析的应用尚处于起步阶段，还有待慕课

平台的不断改进及教师的积极使用。

2. 评估内容深入化

除了常用的课后测试和练习等形成性评估，一些慕课老师还尝试将学习者参与论坛讨论的情况纳入评估。例如，C 老师认为只看评论数量远远不够，还需要考虑评论的质量；HY 老师的慕课主要采用形成性评估方法，其中，讨论区讨论占 10 分，5 次课件作业占 90 分。

有教师关注的评估内容涉及学习者的多元视角、应用能力等高阶思维。例如，C 老师所在教学组认为没必要在慕课教学中测试学习者对事实性知识的掌握程度，于是请学习者分享自身身份和价值观；HY 老师要求学习者运用所学，制作多个英语教学课件。

三、有关学生的知识：开始关注学习者特征及其学习

慕课教学引入了学习者视角，促使教师关注学习者特征及其学习。与课堂教学相比，在慕课设计和教学过程中，教师需要更多考虑学习者及其学习的复杂性，包括慕课学习者的规模化（成千上万名学习者）、差异化（先前知识、学习需求、学习行为等差异大），及其学习的自主性（主要通过视频等资源进行自主学习，学习时空灵活，同时也需要教师提供一定的引导和支持）和协作性（这是最容易被忽略的慕课学习特征，即在教师的引导下，学习者通过慕课论坛构建多元文化环境，一起应用知识、协同建构新的知识）。3 位案例教师的 KoS 均体现了其对学习者特征及其学习的关注。

1. 慕课学习者特征

（1）规模化。

慕课的开放性、在线性，使受益人数远超案例教师多年教授的学生数。截至 2016 年 7 月，共有超过 32.4 万名学习者选修 Y 老师的慕课，仅在 2015 年 4 月—2016 年 6 月，在国际知名慕课平台 edX 上就有来自 195 个国家和地区的 18 万名学习者选修 Y 老师的第一门慕课。C 老师的第一期慕课有来自全球多个国家和地区的 1.5 万多人选课，学习者来源国排在前五位的国家是英国（2760

人）、中国（848 人）、美国（775 人）、俄罗斯（653 人）、西班牙（513 人）。HY 老师的课程在开放大学体系每学期只有几十人选修，但其第一期慕课有 3000 多人修读，而且吸引了很多在校生修读。

（2）差异化。

慕课学习者不但呈现规模化，而且在年龄、背景、先前知识、学习需求等方面呈现出差异化的特征。

①慕课学习者的年龄和背景存在较大差异。慕课吸引了各年龄段、不同背景的学习者，涵盖中学生、在校大学生、在职人士、老年人等各类人群。例如，Y 老师的慕课覆盖 8~80 岁的全球初级英语学习者。C 老师提到一些国外学习者通过慕课进一步了解了中国。例如，有些学习者从最初认为中国不一定开得了跨文化课程，进一步了解到中国师生也可以用英语交流，在态度和情感上有了愿意了解中国的倾向，对中国的好奇度提高，“不再是那种冷漠的无视或者是敌对的状态”。

②慕课学习者的先前知识和学习需求也有较大差异。C 老师发现，最初反应最强烈的是经验最少的学习者，他们喜欢精彩的案例、有趣的事实，但在评论时只能给出某一个角度的解释；有经验的学习者对分析框架等理论知识更感兴趣，且能在评论时给出多个角度的解释。

2. 慕课学习特征

（1）自主性。

慕课学习者多是自主开展慕课学习，诸多因素会影响其学习。例如，Y 老师发现网络不畅、经费紧张、生活拮据等任何因素都有可能浇灭贫困地区教师的学习热情。此外，不少学习者有自身的学习目标，不会修完课程的所有内容。例如，C 老师就提到自己也修读过不少慕课，她会选择自己感兴趣的话题，以弥补遗漏的知识点，但可能不会学完所有内容。

学习者在自主利用技术学习之初需经历适应过程，涉及学习方式、学习态度和学习习惯等方面的适应和转变。例如，C 老师提到“有的学习者可能前面学得多一些，后面放弃不学；有的学习者习惯拖延，课程结束后才完成学习任务”。慕课学习者在论坛的发帖多，但内容浅、互动少；校内不少学生则最初担心出现语法错误，不敢在论坛发表评论，几周后逐渐开始发表评论，并积极与其他学习者交流，不仅习得了语法知识，并有机会及时发现和改正语法错误，而且学到了跨文化交际技能。HY 老师发现有慕课学习者从最初抱有"混"学分的心态，到后来按照课程要求逐渐改变学习态度和学习习惯，投入时间和精力深入学习，坚持学完课程。

（2）协作性。

在慕课的支持下，学习者跨越时空局限构建跨文化交际环境，更直观地感知和理解语言知识和跨文化交际，并一起应用所学语言知识、建构新的知识。例如，C 老师发现，在教师的引导下，来自全球各地的学习者一起构建了真实的跨文化交际场景，学习者可以更直观地感知不同的文化，了解文化差异，进而更深入地理解跨文化交际。Y 老师发现，学习者在论坛中自发讨论的话题很丰富，质量也较高，学习者围绕某一话题展开讨论，应用所学知识、协作建构新的知识。

慕课学习对教师和学习者的终身学习能力都提出了更高的要求，不只方便了学习者获取知识，还要求其积极地分享和交流知识，以及结合现实问题应用和共创知识。

四、课程知识：增强课程应用性

规模化、差异化学习者的参与促使教师增强课程的应用性，并扩展自身的 KoC。例如，Y 老师因为开展慕课教学更注重课程的应用性，开始关注全年龄段人群的终身英语学习。C 老师所在教学组在慕课中提供的案例和阅读材料紧密结合真实的社会文化环境，被学习者认为具有较强的实用性；规模化、差异化学习者的参与也拓展了 C 老师的 KoC，有的学习者的观点让 C 老师感到惊喜。HY 老师认为技术是外语课程的一部分，可通过慕课来推动职前教师和中小学教师在教学实践中应用技术。

高校教师一般有着丰富的 KoC，但对课程目标的引领作用的认识不足。慕课教学促使高校教师关注课程目标，增加理解和应用等高阶认知目标，乃至培养学习者的批判性思维和创造性思维。在慕课平台的支持下，C 老师所在教学组明确地指出课程目标包括认识跨文化交际学习的重要性，反思和描述自身文化身份的组成和意义，与他人的文化假设进行比较，鉴别交际类型的文化差异，对主要文化价值进行分类，从而更自信地适应跨文化交际。HY 老师慕课的课程目标不仅涉及掌握媒体辅助英语教学基本原理，英语教学课件制作的方法、常规步骤和注意事项，还要求学习者创造性地制作出综合运用文本、声音、图像等多种媒体手段且能引发学习者的英语学习兴趣的课件，促使学习者将理论和实践相结合。尽管 Y 老师没有明确地说明课程目标，但她发现论坛中学习者的参与有助于学习者应用所学语言知识，发展批判性思维。

值得注意的是，多元化的慕课学习者有着不同的学习目标，教师所设置的课程目标可能与学习者的学习目标并不完全吻合，尤其是众多在职成人，他们可能会选择自己感兴趣的课程内容进行学习，不会学完所有的课程内容。

五、整合技术的学科教学统领观念：开始关注学习者的应用能力

本研究中整合技术的学科教学统领观念（OCTSI）主要指教师有关整合信息技术的学科教学的看法和认识，涉及整合技术的学科教学目的和目标。3 位案例教师在参与慕课教学的过程中，OCTSI 发展较为明显，从以讲授英语知识为主发展到促进学习者理解语言概念和知识、增强学习者的英语应用能力和跨文化交际能力、改变英语观念。例如，C 老师指出慕课提供了真实的跨文化交际场景，学习者可通过论坛分享和交流跨文化感受和认识，反思自我文化中心主义，增强跨文化理解能力。Y 老师也发现慕课讨论区的讨论对于慕课学习者理解和掌握复杂概念和知识、改变英语观念具有积极作用。HY 老师则通过慕课引导学习者一步步实现应用层面的学习目标，更为坚定地增强了学习者的应用能力。这也呼应了《大学英语教学指南》对大学英语教学改革的目标要求，即注重英语应用能力、增强跨文化交际意识和交际能力、发展自主学习能力、提高综合文化素养。[1][2]

[1] 王守仁 .《大学英语教学指南》要点解读 [J]. 外语界，2016(3):2-10.

[2] 何莲珍 . 新时代大学英语教学的新要求——《大学英语教学指南》修订依据与要点，2020(4):13-18.

第二节 TPACK 要素间关系的发展

案例教师的 TPACK 发展表明，慕课教学不但促进了其 TPACK 要素的发展，也促使其 TPACK 要素间关系有不同程度的发展（见表 8-2）。

表 8-2 案例教师的 TPACK 要素间关系的发展

案例教师	Y 老师	C 老师	HY 老师
TPACK 要素间关系的发展	（1）KoS、KISI、KoC 的连接最明显 （2）KoC 分别与 KoS、KISI 连接 （3）KAI 与 KoC、KoS、KISI 建立初步的连接 （4）OCTSI 得到发展，与其他所有要素建立连接	（1）KoC、KISI、KAI 之间连接最明显 （2）KoS 与 KoC、KAI、KISI 分别建立初步连接 （3）OCTSI 得到发展，与其他所有要素建立连接	（1）KoS 与 KISI 连接得到加强 （2）OCTSI 得到增强，与其他要素建立紧密连接 （3）建立稳固的 TPACK

一、有关学生的知识与其他要素间的关系发展明显

在慕课教学过程中，论坛、学习分析工具等使教师对学习者的特征和学习情况有较深入的了解，推动教师 KoS 的发展，进而使其更好地判断教学策略和评估方式的适配性，并做出相应的调整。这使教师的 KISI、KAI、KoS 得到发展，彼此建立更紧密的连接。例如，Y 老师在第二门慕课中将讨论活动分为 3 类并贯穿整个教学过程（KISI），以引导学习者运用所学语言知识（KoC）；设计了查找 Wiki 资料的学习活动（KISI），以丰富学习者的学习资源（KoC）；利用学习分析工具（KAI）及时了解学习者的学习情况（KoS）和助教答疑情况（KISI）。根据慕课学习者大多出于自愿学习且具有流失率高的特征（KoS），HY 老师在教学过程中及时调整学习支持策略，如通过教师预点评的方式促使学习者不断完善作业（KISI）。针对规模化、差异化的慕课学习者（KoS），C 老师所在教学组减少内容、降低深度并增强课程的应用性

（KoC）。可见，KoS 是推动教师 TPACK 发展的关键，会带动其他要素发展，然而它也是我国高校教师普遍缺乏关注的知识。

在 KISI、KAI、KoS 等要素建立连接的基础上，3 位案例教师的 OCTSI，并与其他要素之间建立了较紧密的连接。

二、课程知识与其他要素之间的关系不够紧密

高校教师具有较丰富的 KoC，慕课教学中教师 KoS 的发展促进其 KoC 进一步发展。例如，差异化学习者的参与拓展了 C 老师的 KoC；Y 老师指出这是“不开慕课的教师体会不到的”，一般教师的课程针对固定年龄段的学习者，通过慕课教学，Y 老师开始关注各年龄段人群的英语学习。

然而，高校教师更多关注的是课程内容，对课程目标缺乏深入的认识。例如，Y 老师通过慕课教学在 KISI、KAI 方面有较大发展，但其教学过程缺乏课程目标的引领。如果教师能在课程目标方面有所发展，并将之与 KISI、KAI 建立连接，其 TPACK 将更稳定。例如，HY 老师在参与慕课教学之前就在课程目标、KISI 和 KAI 之间建立了较紧密的联系，因此在慕课教学中可以根据学习者特征及时调整教学策略。C 老师经过慕课平台的培训，在 KoC、KISI 和 KAI 之间建立初步连接，进而引发与其他要素的连接，从而使 TPACK 各要素之间建立稳固的关系，并将通过慕课教学建构的 TPACK 迁移到混合教学中。

基于前述分析，本研究归纳总结了案例教师的 TPACK 要素特征（见图 8-1）。其中，KISI 涉及内容表征、学习活动和学习支持，从单一化逐渐发展到多样化乃至精细化；KAI 具有多元化、深入化的特征；KoC 得到拓展，并强调课程的应用性；KoS 体现在认识到慕课学习者的规模化和差异化，慕课教学环境有助于学习者更好地感知、理解和应用语言知识，但对学习者的自主学习能力也提出了更高的要求；OCTSI 的发展体现在开始关注学习者的应用能力。此外，案例教师 TPACK 各要素间都加强了连接。

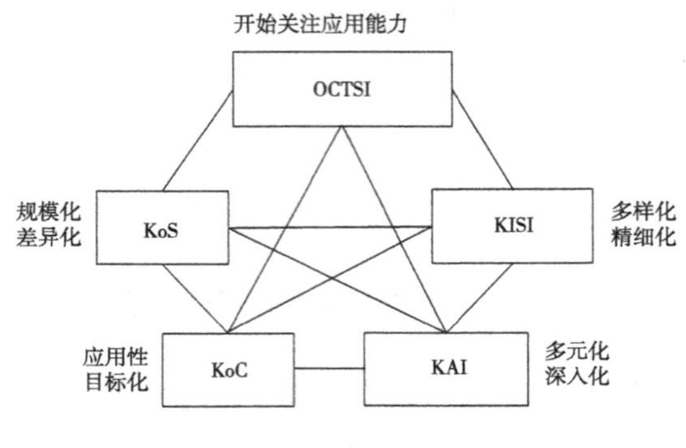

图 8-1　TPACK 要素特征

第三节　TPACK 发展过程

在慕课教学情境下，高校教师 TPACK 发展具有复杂性、多元性的特征，充分体现了当前教师知识发展的实践性、整合性、协作性取向。利用技术提升教育教学效果的需求、教学设计和 TPK 培训、已有 TPACK 等核心驱动因素可帮助教师克服各种障碍，积极主动地整合各类知识，发展 TPACK。TPACK 发展的途径包括团队协作、教学反思与研究、开展学习分析、开展基于慕课的混合教学等。本节将详细分析高校教师 TPACK 发展路径、影响高校教师 TPACK 发展的核心驱动因素。

一、TPACK 发展路径

学界对 TPACK 发展存在整合观和转化观两种观点。一些研究者认为 TPACK 是 TK、PK 和 CK 的整合，倾向于通过对各知识成分的详细分析来考察 TPACK 的发展。另外一些研究者则认为 TPACK 是整体的、独特的知识，而不是分离的知识，关注通过具体事件建构 TPACK。本研究发现 TPACK 发展的整合观和转化观适用于分析 TPACK 发展的不同阶段。对于 TPACK 不明显的教师来说，整合观有助于其建构 TPACK。例如，C 老师之前没有明显的 TPACK，在慕课教学中逐步将通过培训所习得的 TK 和 TPK 与已有的 PCK 和 CK 进行整合。然而，若要考察教师的 TPACK 发展程度，则需通过转化观进一步分析其 TPACK 要素及要素间关系的发展。本研究综合两种 TPACK 发展观，深入探讨高校教师在慕课教学情境下 TPACK 的发展过程，并由此建构了高校教师 TPACK 发展路径（见图 8-2）。

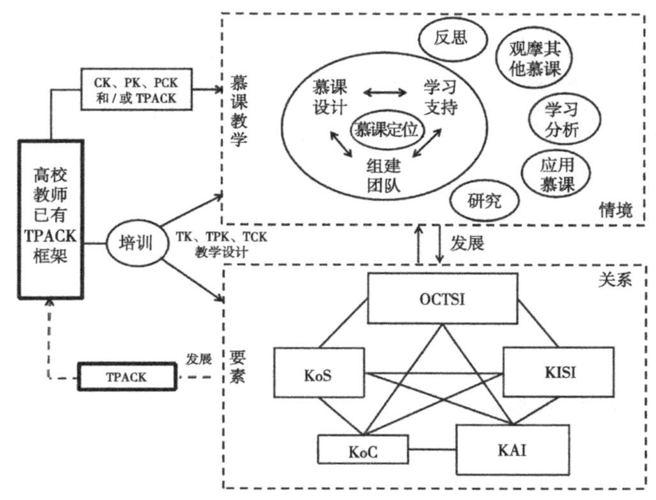

图 8-2　高校教师 TPACK 发展路径

大多数高校教师是第一次参加慕课教学，在慕课教学之前一般有较丰富的 CK 和 PCK，以及少许 TPACK。他们在特定情境下对慕课进行定位、组建慕课团队、开展慕课设计和提供学习支持，将通过培训或从同行处获得的有关慕课（TK）和慕课教学（TPK）的初步知识，与已有的 CK、PK、PCK、TPACK 整合，并通过行动中反思、观看其他慕课、开展学习分析、应用慕课、研究慕课等途径，发展 TPACK 各要素及要素间关系，最终形成 TPACK。

其中，KISI 是 TPACK 发展的主要要素，通过对 3 位案例教师 KISI 的发展过程进行分析，本研究发现在慕课教学情境下，高校教师 TPACK 发展主要经历问题情境——整合知识——生成 TPACK 等环节（见图 8-3）。其中，问题情境包括视频录制、活动设计、学习路径设计、提高学习者参与度等；推动高校教师 KISI 发展的主要知识成分包括高校教师已有的 CK、PK、PCK 和 TPACK，高校教师在慕课教学过程中所获得的 TK、TPK 和教学设计知识，以及高校教师所建构的 KoS；行动中反思、观看其他慕课、开展学习分析、应用慕课、研究慕课等多种途径的组合推动了高校教师对各类知识的整合。

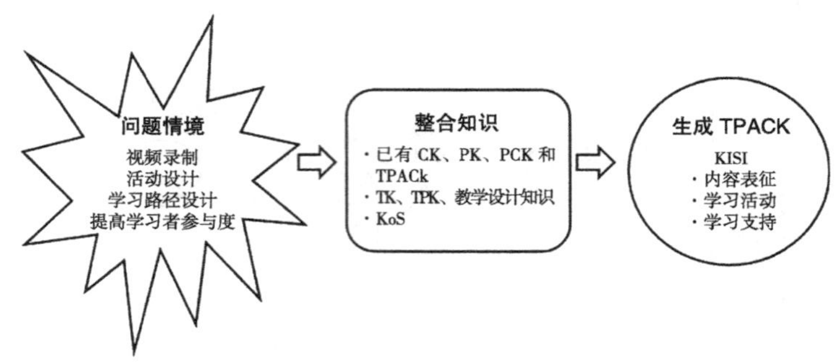

图 8-3　高校教师 TPACK 发展环节

二、核心驱动因素

本研究通过案例研究呈现了影响高校教师 TPACK 发展的 3 种不同类型的核心驱动因素，包括效果驱动、设计驱动和扩散驱动的 TPACK 发展。核心驱动因素使教师超越对课堂教学的简单移植，思考 TK、PK 和 CK 之间的复杂关系，积极整合各类知识，推动自身的 TPACK 发展。

（1）需求驱动的 TPACK 发展是指教师明确的整合技术的教学效果需求推动其在慕课教学过程中发展 TPACK。Y 老师一直在探索如何扩大教育扶贫的规模并提高教学质量，这一教学需求驱动其参与慕课教学，并在慕课教学过程中通过不断观察及查阅 TPK 相关文献等多种途径主动了解学习者的需求、学习困难、利用技术学习的新现象和特征，探索适合特定课程的教学策略。例如，Y 老师在第二门慕课中将论坛讨论话题进行分类，鼓励学习者自发讨论，学习者在论坛的互动和反馈使得 Y 老师意识到基于慕课论坛的协作学习可增强在线英语学习者的社会存在感、认知存在感和教学存在感。

（2）设计驱动的 TPACK 发展是指教师通过参与有支持的慕课设计和教学，并不断反思，以主动探索发展 TPACK。例如，C 老师在慕课平台的教学设计、以学习者为中心的 TPK 支持下，获得了较丰富的 TK、以学习者为中心的 TPK 和教学设计知识（学习步骤法），在第一轮慕课设计和教学过程中，C 老师探索将 TK、TPK 与已有 PCK（讲授法、体验式教学法）整合，并通过不断的行动中反思，探索适合特定学科的慕课教学策略，包括视频录制方式、慕课学习活动，以及激励学习者在论坛中发帖的方法。

（3）扩散驱动的 TPACK 发展是指教师为了扩大教学规模将已有 TPACK 主动迁移到慕课教学中。HY 老师直接将在线教学经验迁移到慕课教学中，国内外普通高校在校生选课及高完成率，学习者对课程实用性、教学策略和评估的积极反馈，以及同行的认可，增强了 HY 老师的教学效能感，推动其 TPACK 各要素及要素间关系的持续发展。

尽管 3 位案例教师 TPACK 发展的核心驱动因素有所不同，但均体现出较强的主动性，他们均积极地在教学实践中学习和整合各类知识。可见，慕课教学有可能促使高校教师转化以知识传输为主的 PCK，建构 TPACK，但这需要高校教师主动探索，以及以学习者为中心的 TPK 和教学设计方面的支持的结合，否则高校教师 TPACK 的发展会受慕课定位、自身专业发展取向等各种内外部因素的影响而停止。

然而，本研究发现我国高校教师普遍缺乏教学设计、以学习者为中心的 TPK 及相关支持。C 老师在访谈中提到，尽管自己之前看过或学过很多慕课，但仍难以总结出系统的教学设计理论。

“我听了不少 Coursera 的课，在进入这个领域之前，其实我也了解过一些理论，但是我没有章法，零零散散地知道些东西，然后做的时候我就觉得依据什么呢，就是没有依据感。”（C 老师）

高校教师不但缺乏教学设计知识，还缺乏技术和内容整合的知识（TPK）。C 老师提到自己在录制视频时多次返工，以及通过多轮教学摸索如何为大规模学习者提供学习支持。

“我们其实（对于教学设计）没有一个理论性概念，我们只能设计这个课程，和技术结合这一块其实是我们的弱项。呈现方面我们后来试了很多次，返工非常多。”（C 老师）

慕课平台引导初次参与在线教育的 C 老师在慕课设计过程中习得了在线教育知识（TPK）。

“等于说有人带着，否则你要说一开始没有任何培训，我觉得我们真的是无从下手。……如果没有支持，（我们）难以总结出在线教育经验，在开展在线教育时就没有依据。”（C 老师）

然而，由于缺乏足够的 TPK，C 老师的 TPACK 发展受阻。例如，在学习支持方面，C 老师认为慕课论坛的单调性和随机性主要是由于慕课缺乏社区感，但其没有发展出进一步的 KISI。

高校教师发展 TPK 特别重要，这是因为很多软件并不是为教育用途设计的，TPK 需要一种前瞻性的、创造性的、开放的技术使用方式，[1] 高校教师需要根据情境变化将技术最初的功能转变成教学法方面的优势。例如，慕课论坛不仅可作为答疑的空间，而且可以作为在线探究社区，增强学习者的认知存在感和社会存在感。考虑到高校教师大多没有利用技术教学的经历，为高校教师提供相应的 TPK 支持，可以帮助他们尽快建构 TPACK，这包括加深高校教师对技术在教学中的可供性的理解，引导高校教师结合教学重难点、特定主题以及学习者的先前知识和认知特点，采用相应的教学策略并合理使用技术。

三、多种发展途径

参与慕课等整合技术的课程设计让高校教师作为积极的学习者参与学习，他们在技术设计的探究中通过团队协作、教学反思与研究、开展学习分析、开展基于慕课的混合教学等多种途径发展 TPACK。

---

[1] Koehler, Matthew J, Mishra, et al, What is Technological Pedagogical Content Knowledge (TPACK)?[J]. The Journal of Education, 2013(3):13-19.

1. 团队协作

在传统高校教学过程中，“一名教师可以完成大部分教学工作，少量作业批改和成绩统计工作可以与助教共同完成”。高校教师在慕课教学过程中则大多组建了慕课设计和教学团队。面对大规模的学习者，慕课教师一般会邀请助教或研究生加入教学团队，协助维护课程论坛。一些慕课教师还会邀请慕课学习者中涌现的志愿者或者其他高校的教师加入教学团队。例如，Y 老师与慕课平台（课程主管、技术支持）、校内助教、乡村教师、学校扶贫办，以及其他高校的教师开展了合作。HY 老师不断根据慕课运行情况，完善课程教学团队：运行第二期慕课时增加了一位教师；运行第三期慕课时从学习者中挖掘了有能力、有意愿协助教师团队工作的来自国家开放大学办学体系外的教师担任实习助教，以增强教学团队的支持服务能力。C 老师所在教学团队得到了较专业的支持，与学校技术团队、慕课平台团队分工合作创建和运行慕课。

协作开展慕课设计和教学有助于保障慕课质量，并为高校教师提供互相学习的机会，促使高校教师一起面对参与慕课教学可能花费的精力和需要学习的技能等方面的挑战，促进高校教师建构 TPACK。

“我们团队真的不错，说实话我觉得要不是有这个团队，我们的慕课是做不下来的。整个事情本来就很新，花费的精力也好，需要的技能也好，你如果有一个团队你就不会害怕。如果是个人来做，我觉得反正要求还是蛮高的……有经验丰富的教师带着青年教师一起做，感觉更容易坚持下去，视角上形成互补，慕课质量的把关也有多重保障。”（C 老师）

然而，无论是教学团队、学校技术团队，还是慕课平台团队都缺乏教学设计人员和项目管理人员的参与。例如，C 老师所在教学组的 3 位教师尽管有多年合作经验，但在慕课设计和教学过程中，他们仍进一步探索协作模式。例如，在缺乏教学设计人员和项目经理的情况下，在视频拍摄过程中，教学组遇到了课程设计协调难和进展缓慢的问题。

“因为没有一个总体负责的项目经理，大家到最后就是互相协调来协调去，没有人能够拍板，事情推进得很慢。老师们总归都是很忙的，所以找时间

很困难，然后协商下来决定了又做不了。”（C 老师）

2. 教学反思与研究

教学反思被认为是改善教师实践的关键因素。教学反思是指为了实现有效的教育、教学，教师对已经发生或正在发生的教育、教学活动及其背后的理论、假设进行积极、持续、周密、深入、自我调节性的思考，发现、澄清表征过程中所遇到的教育、教学问题，并积极寻求多种方法以解决问题的过程。[1] 在遇到问题乃至风险时，教师会质疑自己常用而不自知的行为习惯，增强自己的批判性意识和能力，从而实现转化式学习。[2] 这包括鉴别主宰自身行动的假设、定位假设的历史和文化起源、质疑假设的意义、形成替代性行动方式。[3] 这也是教师主体性显现的时刻，教师会在批判性反思和行动中主动建构和更新知识。

高校教师，尤其是拥有博士学位的青年教师一般具有较好的包括反思能力在内的研究素养，这也促使他们在慕课教学中面对新技术时进行行动中反思、行动后反思，整合 TK、CK 和 PK。例如，C 老师在慕课设计和教学过程中开展了 3 次明显的行动中反思：反思如何录制有吸引力的视频；反思如何设计能体现慕课特征的学习活动；反思如何提高慕课学习者在论坛的参与度。Y 老师从最初以录制讲授式视频为主，到后采用多种视频录制方式，如邀请各方人士一起构建丰富的英语应用场景；从利用论坛答疑到促进讨论、形成英语交流氛围。HY 老师及其团队针对慕课学习者规模化、差异化、易流失的特征，采用预点评的学习支持方式。教学反思可促进高校教师整合各类基础知识，并促进其 TPACK 要素及要素间的发展。

大量慕课的涌现也为高校教师观摩其他教师的教学提供了便捷的学习和反思机会。不少受访教师提到自己在开设慕课前、在慕课教学过程中通过观看其他教师的慕课，来启发自己整合 CK、TI 和 PK。

---

[1] 申继亮，刘加霞 . 论教师的教学反思 [J]. 华东师范大学学报 (教育科学版)，2004(3):44-49.

[2] 陈向明 . 教师最需要什么素养 [J]. 中国教育学刊，2018(8): 3.

[3] Baran E, Correia A P, Thompson A. Transforming online teaching practice: Critical analysis of the literature on the roles and competencies of online teachers[J]. Distance Education, 2011,32(3):421-439.

在现有高校教师评价制度下，慕课教学具备的科研潜力也是部分高校教师参与慕课教学的深层次原因。不少高校教师将慕课教学与科研结合。例如，C 老师第一次感觉可以将教学转化为科研，这也是 C 老师参与慕课教学的主要内在动力之一。

“这次就觉得一旦改了平台，又会有一些新的技术，我觉得是不是有一些新的理念可以去做科研，所以相对而言我感觉我的兴趣会比较大一点儿。就是在教学方面，我会想有没有办法可以去研究研究。”（C 老师）

C 老师认为自己的跨文化适应网络研究与慕课研究至少“在方法上是重合的”，即二者都关注社会互动；慕课教学便于高校教师收集学习者的背景信息、行为数据，高校教师可以对文化差异与在线文本、互动形式、学习效果等的关系开展实证研究。C 老师所在教学组的 3 位教师分别结合自己的研究兴趣研究慕课，一位教师基于教育技术与传播学的学科背景从社会学习视角切入，另一位教师从价值观、文化融合视角研究慕课。C 老师撰写论文回顾了从传统课程到慕课的教学设计与制作、课程实施和管理实践，并对慕课进行了定量和定性评估，她还与同事开展了基于慕课的混合教学实验，发现该教学法能实现增强学生跨文化交际能力和英语应用能力的双重目标。2016 年，C 老师所在教学组申请了学校和上海市的教改项目，期望不仅将慕课当作教学任务，同时要挖掘其中的科研价值。

“尽量推动自己，不要就事论事，不要光把慕课当作一个教学任务去做，所以我们 3 个人都在看文献，都在了解我们能做点儿什么。”（C 老师）

Y 老师结合英语教学实践探索慕课讨论区的协作学习模式，进而与学习者一起开展基于慕课的混合教学设计与实践探索和研究，这些先行探索使 Y 老师得到同行的认可，她受邀到全国多所高校进行报告和交流。HY 老师的慕课探索也得到了同行的认可，他被很多高校邀请开办讲座，HY 老师本人及其慕课也成为很多研究者的研究案例。同行的认可促使高校教师的 TPACK 持续发展。

3. 开展学习分析

与传统课堂教学相比，慕课学习者的学习行为会被慕课平台自动记录下来，经过处理并在相关数据挖掘技术的支持下，可用于学习行为分析，帮助教师更客观、全面地了解学习者，开展由数据驱动的决策，调整教学策略和学习评估方式，进而发展 TPACK。例如，有慕课平台定期将视频点击情况、测试题完成情况等数据反馈给教师，以便于教师对课程进行评价、对学习者进行评估，以及改进教学。

4. 开展基于慕课的混合教学

不少参与慕课教学的教师会在校内开展基于慕课的混合教学，以提高校内学生的学习质量。慕课为校内学生提供了丰富的在线学习资源和更多的交流机会。Y 老师就在校内教学中探索增加了在线学习所占的比重，丰富了课内教学活动，如组织学生开展小组协作学习、讨论交流和展示等，让学生承担更多的学习责任。C 老师也和同事探索将慕课学习与校内教学整合，要求校内学生学习每周的慕课、参与讨论区的讨论、撰写学习日志，并在课堂上进行小组展示。

基于慕课的混合教学可推动教师丰富 TPACK 各要素并加强 TPACK 各要素之间的联系，如采用多种 KISI 和 KAI，关注 KoS，坚定 OCTSI 等。

综上所述，慕课教学推动了高校教师 TPACK 各要素的发展，其中，发展最明显的是 KISI；其次是 KAI，评估方式和评估内容呈多元化趋势；再次是 KoS 和 KoC，教师开始关注学习者特征、关注课程的应用性，课程内容得到拓展，并且教师开始关注课程目标的引领作用。这些要素的发展带动高校教师 OCTSI 的发展。慕课教学促使高校教师 KoS 与其他要素建立紧密联系。然而，高校教师的 TPACK 各要素间的连接还有待加强，尤其是课程目标与其他要素间的连接。

慕课定位、已有的侧重于知识传输的 PCK 会影响高校教师的慕课教学投入度，进而影响其 TPACK 发展。TPK 和教学设计培训与支持将帮助高校教师更好地发展 TPACK。团队协作、教学反思与研究、开展学习分析、开展基于慕课的混合教学等多种途径可推动高校教师的 TPACK 发展。

第九章

总结与反思

我们必须明确，好的教学意味着什么，设计良好教学的原则是什么，以及这些如何激发学习者学习。否则，我们将持续处于受制于技术的危险境地。

——黛安娜·劳里劳德[1]

尽管会面临很多挑战，但参与慕课教学对高校教师来说是一个在做中学的机会，即在教学实践中思考如何整合 CK、PK 和 TK，发展 TPACK。本研究旨在考察慕课教学情境下高校教师的 TPACK 在教学实践中有何发展及如何发展，进而推进高校教师的 TPACK 发展。

第一节　结论与讨论

本研究首先基于对 20 位参与慕课教学的高校教师的访谈介绍了高校教师 TPACK 发展的情境，然后对其中 3 位受到慕课学习者和同行好评的教师的慕课进行观察并收集相关实物资料，深入探究高校教师 TPACK 有何发展及如何发展。本研究得出以下结论。

一、慕课教学可明显推动高校教师 TPACK 知识成分发展

多项调查表明，我国高校教师与技术相关的 TK、TPK、TCK、TPACK 的均值偏低。[2][3] 本研究发现，慕课教学推动了高校教师 TPACK 知识成分的发展，尤其是与技术相关的知识的发展。高校教师通过培训、观看慕课、向同行学习、研究等方式获得 TK、TPK、TCK，并将之与已有的 CK、PCK 和

[1] 黛安娜·劳里劳德 . 教学作为一门设计科学构建学习与技术的教育学范式 [M]. 金琦钦，洪一鸣，梁文倩，译 . 福州：福建教育出版社，2019:15.

[2] 徐春华，傅钢善，侯小菊 . 我国高校教师的 TPACK 水平及发展策略 [J]. 现代教育技术，2018，28(1): 59-65.

[3] 任秀华，任飞 . 高校教师 TPACK 现状调查及问题分析 [J]. 现代教育技术，2015，25(4):38-44.

TPACK 进行整合。

然而，由于缺乏以学生为中心的 TPK 和教学设计支持，大部分高校教师最初习惯性地依赖已有的面授 PCK 开展慕课教学，注重视频制作和通过论坛提供答疑，这导致仅 KISI、KAI 等个别 TPACK 要素得到发展。可见，仅有个别 TPACK 知识成分难以推动高校教师 TPACK 的实质性发展。这也证明本研究将 TPACK 发展的整合观和转化观相结合的必要性和可行性。

二、慕课教学可推动高校教师 TPACK 要素及要素间关系发展

本研究发现，慕课教学可推动高校教师 TPACK 要素及要素间关系的发展。其中，KISI 和 KAI 发展最明显；KoS 和 KoC 是推动 TPACK 其他要素及要素间关系发展的关键；上述要素的发展将推动教师 OCTSI 的发展，TPACK 各要素共同形成整体的知识观。

1. KISI 和 KAI 发展最明显

高校教师在慕课教学过程中发展最明显的 TPACK 要素是 KISI、KAI，其次是 KoS 和 KoC，再次是 OCTSI。可见，KISI 和 KAI 是较容易改变的要素，但更深层次的要求是发展 KoS、KoC，乃至 OCTSI。

（1）KISI。

在慕课设计和教学过程中，面对如何录制视频、设计学习活动、提高学生参与度等各种问题情境，高校教师首先调整内容表征方式，即使用视频等多媒体资源表征学科内容，其次是设计学习活动和提供学习支持。

本研究发现，受访教师普遍重视教学视频的碎片化和内容精练化，部分受访教师从促进学习者自学的角度出发使视频形式多样化。这与 Lowenthal 等的研究结论类似。Lowenthal 等通过对在 Coursera 平台和 edX 平台开设慕课的 186 位教师进行调查发现，被调查的慕课教师关注视频录制方式及其改善等内容表征问题，被调查的慕课教师建议视频应短小且更具交互性，由测试驱动；视频应具有多样性，而不只是展现教师的头部特写；视频应有高质量的视觉或动画效果；教师说话要慢，在摄像机前要放松和自然。国外慕课教师还提到录

制视频时要考虑全球学习者，[1] 这是我国慕课教师较少提及的话题。这一方面可能是由于语言上的障碍，我国慕课的学习者大多来自本国；另一方面也体现了国外教师对学习者的关注。然而，不管如何设计视频，视频学习仍是一种简单陈述（Simple Presentation），是一种具有高度说明性的、单向的信息传递过程，是一种获取型学习活动。简单陈述的有效性取决于内容的组织、画面的清晰度和教师的热情。视频学习缺乏交互或对关键内容的讨论，在鼓励和支持深层学习方面略显不足。[2]

除了通过视频进行内容表征，3 位案例教师还注重在教学实践中探索如何发挥慕课教学的优势，整合讨论型、探究型、实践型、生产型学习活动，引导学习者一步步完成学习，并能应用所学。相对而言，协作型学习活动在慕课中应用得较少。这可能是由于慕课学习者之间大多是陌生人，不便于开展协作型学习活动。适合的学习活动是推动教师、学习者、资源、交流平台等在线教学实体要素之间进行有效交互并形成动态、有效的教学过程的核心要素。[3] 美国在线教育发展前沿高校的在线课程均具有学习活动多样化的特征，例如，78% 以上的高校要求必须开展在线讨论、阅读、短文作业、小测验、长文作业、教师预录制视频、学生口头报告、第三方机构预录制视频等多种学习活动；53% 的高校开展师生实时视频交流活动；38% 的高校采用数字模拟；分别有 34% 和 22% 的高校开展角色扮演和数字游戏活动。[4]

在学习支持方面，我国高校教师在慕课教学过程中一般利用慕课讨论区为学习者答疑，部分高校教师探索开展教师支持下的讨论，引导学习者在讨论中转变观念和应用所学概念，以及发展批判性思维和创造性思维。

未来，我国高校教师应超越知识传输，探索更有效的在线学习活动和教学

[1] Patrick L, Chareen S, Ross P. Teaching Massive, Open, Online, Courses (MOOCs): Tales from the Front Line[J]. The International Review of Research in Open and Distributed Learning, 2018,19(3).

[2] 兰迪·加里森，特里·安德森 . 21 世纪的网络学习；研究与实践框架 [M], 丁新，译 . 上海：上海高教电子音像出版社，2008:16-17.

[3] 郭文革 . 从三个视角看信息技术对教育发展的影响 [J]. 中国民族教育，2017(Z1):12-14.

[4] 钱玲，徐辉富，郭伟 . 美国在线教育：实践、影响与趋势——CHLOE3 报告的要点与思考 [J]. 开放教育研究，2019(3):10-21.

交互，以加深学习者对内容的理解、鼓励其形成有关课程概念的新的思维方式和不同的思维方法。[1]

（2）KAI。

慕课教学促使高校教师发展 KAI，一方面体现在使用机器评估、同伴互评、学习分析工具等多元化评估方式，另一方面体现在评估内容深入化，涉及学习者的参与、理解，乃至分析能力、应用能力等高阶思维能力。前者相对容易实现，后者的实现有一定的难度，涉及高校教师 OCTSI 的发展。

2. KoS 和 KoC 是推动 TPACK 发展的关键

（1）KoS。

张凤娟等发现，KoS 是受访的高校英语教师 TPACK 最薄弱的部分，大部分受访教师将主要精力放在如何利用技术开展教学，即侧重于如何用技术教，很少关注引导学习者用技术学，且对学习者利用信息技术进行英语学习的现状、特点及可能存在的困难缺乏了解。[2] 高校教师在慕课教学过程中也存在类似的问题，大部分高校教师往往习惯于关注呈现内容，对慕课学习者的困惑、学习困难、学习风格和学习方法差异，以及技术对学习者的学习理解、认知的影响等微观层面的关注不够。

在线教学缺乏课堂教学的在场性、纪律性、仪式性等结构性特点，[3] 教师更需要关注学习者特征和在线学习特点。本研究中的案例教师较关注慕课学习者的规模化、差异化特征，以及慕课学习的自主性、协作性特征，并体现在慕课设计和教学中；同时也关注学习者的知识理解和应用情况，并能及时调整教学策略。可见，KoS 是推动高校教师发展 TPACK 的核心要素。Kafyulilo 等也发现，参与技术增强科学课设计的教师通过反思所设计的课程发展自己的 TPACK，他们在课程设计过程中意识到理解学习者的学习问题的重要性，并基

---

[1]Conceição, Simana C O. Faculty lived experiences in the online environment[J]. Adult Education Quarterly, 2006,57(1):26-45.

[2] 张凤娟 . 大学英语教师 TPACK 特点及其发展研究 [J]. 中国电化教育，2015(5):124-129.

[3] 吴冠军 . 新冠疫情下重思教学实践 [J]. 基础教育，2020(3).

于学习者的反馈改进课程。学习者的学习才是教师教学的结果。[1]

教师在开展在线教学的过程中无法像课堂教学那样当场通过学生的眼神、表情、动作等了解学习者存在的困惑和学习困难，也无法及时整合学习者的先前知识等 KoS 并做出回应，[2] 因此，教师需寻找增强学习者注意力的措施，[3] 同时注重学习者的反馈，接收学习者发出的理解、感到困惑、假装感兴趣或真正吸收等信号，[4] 从而保证教学质量。教师在在线教学中可以通过论坛交流发现学习者在理解和思考中存在的更深入的问题，并及时做出回应。此外，高校教师一般具有较强的反思和研究能力，可通过慕课平台存储的大量师生对话、行动以及作品收集学习证据，发展"看待学生的眼光"（The Eyes to See Students），[5] 发展新型的学生发展观。

（2）KoC。

面对规模化、差异化的学习者，大部分高校教师的 KoC 实现了系统化和拓展，高校教师更关注增强课程的应用性，并列出了课程目标。然而，只有少数获得教学设计支持的高校教师开始注重课程目标的作用，以及课程目标与 KISI、KAI 的一致性。这可能是由于我国高校长期以来更注重知识传授，高校教师更多在知识传授形式和方法上倾注心力，而对教学缺乏系统思考。国外慕课教师更强调学科基本概念和方法及其迁移和应用。例如，多伦多大学慕课教师关注的学习结果涉及对学科基本概念、方法的理解和应用，即注重理论和实践的结合，具体包括：①理解学科基本概念，能将知识迁移到其他情境中，将概念应用于相关情境并改善现有实践；②熟悉学科相关的科学探究、问题解决

---

[1] Kafyulilo A, Fisser P, Voogt J. TPACK development in teacher design teams: Assessing the teachers' perceived and observed knowledge[J]. AACE, 2013 (1).

[2] Chan K K H, Yung B H W. On-Site Pedagogical Content Knowledge Development[J]. International Journal of Science Education, 2015, 37(8):1246-1278.

[3] 吴冠军 . 新冠疫情下重思教学实践 [J]. 基础教育，2020(3).

[4] Park, S, Oliver J S. Revisiting the Conceptualisation of Pedagogical Content Knowledge (PCK): PCK as a Conceptual Tool to Understand Teachers as Professionals[J]. Research in Science Education, 2008,38(3): 261-284.

[5] Lewis C C, Takahashi A Murata A King E. Developing "The Eyes to See Students" : Data Collection During Lesson Study[OL].

和推理等方法，并能将这些方法应用到自身探究中，形成评估相关情境中的现有工作的能力；③建构学科话语和词汇方面的知识并能在学习 / 工作 / 个人情境中使用这些知识。[1]

（3）KoS 和 KoC 是推动 TPACK 要素间关系发展的关键。

本研究通过案例研究发现，高校教师的 KoS、KoC（尤其是课程目标）是推动 TPACK 要素间关系发展的关键。高校教师长期以来习惯性地侧重于对课程内容的讲授，对课程目标的作用以及课程目标与 KISI、KAI、KoS 之间的相互作用的重视不足。这导致很多高校教师在 KISI 和 KAI 层面的发展停滞不前，难以形成系统的 TPACK。陈桂生也指出教学法大多与"不同科目的特点"相关，只有某些方面是"各专业通用"的法则，这就要求教师通过"学习心理研究与课程研究弥补教学法的缺陷"。[2]

技术的应用有助于高校教师花更少的时间和精力更有效地鉴别学习者的特征及其对知识的理解和应用情况，让高校教师不必在解决困惑上浪费宝贵的教学时间，从而有更多的时间和精力实现更高层次的课程目标，形成更加以学生为中心的教育教学观念。因此，KoS 和 KoC 是推动 TPACK 要素间关系发展的关键。

3. OCTSI 与其他要素形成整体的 TPACK 知识观

本研究发现，案例教师通过整合技术的教学实践取得了一定的成效，看到了教学策略和学习评估方面的变化给学习者及自身造成的影响，这促使他们发展形成了 OCTSI，即从以讲授学科知识为主拓展到促进学习者理解知识、增强学习者的知识应用能力，从而与当前的教学改革要求相呼应，即教师除了知识教学，更需要引导学生迁移、运用所学知识解决问题，[3] 以实现深度教学，培养学生的问题解决能力、批判性思维等 21 世纪技能。这与 Clavke 和 Hollings-

[1] Najafi H, Rolheiser C, Harrison L, et al. University of Toronto instructors' experiences with developing MOOCs. International Review of Research in Open and Distributed Learning, 2015,16(3):233-255.

[2] 陈桂生 . 普通教育学纲要 [M]. 上海：华东师范大学出版社，2009.

[3] 张良 . 深度教学"深"在哪里？从知识结构走向知识运用 [J]. 课程 · 教材 · 教法，2019(9):34-39.

worth 提出的教师专业成长互联模型一致，即教师在外在信息或刺激的作用下，改进教学并取得显著效果，促使其形成在知识、信念和态度方面的个性化专业发展的行动和反思循环。[1]

OCTSI 的发展又反过来丰富了 KISI、KAI、KoS、KoC。因此，OCTSI 不是孤立的，而是与 KISI、KAI、KoS、KoC 相互作用并构成一个整体。这也表明教育教学理论与实践相结合的必要性，说明有必要引导高校教师对自身的学科教学统领观念进行反思，并促进其发展。

三、高校教师 TPACK 发展的特征与共性

本研究发现，尽管慕课教学有可能推动高校教师 TPACK 发展，但是高校教师 TPACK 发展具有复杂性、多样性的特征。本研究的第二个研究问题重点关注慕课教学情境下高校教师 TPACK 是如何发展的。

本研究综合应用 TPACK 发展的整合观和转化观，构建了 TPACK 发展路径，揭示了高校教师 TPACK 发展的复杂性与多样性。高校教师 TPACK 发展的复杂性具体体现在高校教师在特定情境下对慕课进行定位、组建慕课团队、开展慕课设计和提供学习支持，将通过自学、培训、请教同行等多种方式获得的 TK、TPK 和 TCK 等方面的初步知识，与已有的 CK、PK、PCK、TPACK 整合，考虑 KoS，并通过多种途径生成 TPACK。TPACK 发展主要经过问题情境、整合知识、生成 TPACK 等环节。

高校教师 TPACK 发展的多样性体现在核心驱动因素和发展途径的多样性上。3 位案例教师分别代表 3 种核心驱动因素作用下的 TPACK 发展：效果驱动型（教师有利用技术提升教育教学效果的需求）、设计驱动型（教师得到教学设计和 TPK 方面的培训和支持）、扩散驱动型（为了扩大教学规模，教师将已有的丰富的 TPACK 知识主动迁移到慕课教学中）。此外，3 位案例教师积极通过多种途径推动自身的 TPACK 发展，具体包括团队协作、教学反思与

[1] Clarke D, Hollings worth H. Elaborating a model of teacher professional growth [J]. Teaching and teacher education, 2002(18):947-967.

研究、开展学习分析、开展基于慕课的混合教学等。团队协作、教学反思与研究、开展学习分析、开展基于慕课的混合教学等多种途径的组合可整合高校教师的个人反思及其与社会或其他个体的交往，推动高校教师的 TPACK 发展。其中，前两者是常见的高校教师教学知识发展途径，高校教师通过慕课教学还可以和更大范围内的同行建立各种协作关系；开展学习分析是慕课教学中的独特方法，有助于高校教师更全面地了解学习者，做出基于数据的科学决策；开展基于慕课的混合教学则有助于高校教师固化甚至进一步发展通过慕课教学建构的 TPACK。

高校教师的 TPACK 发展虽然复杂性和多样性的特征，但也具有共性。其共性体现在高校教师主体性的发挥和教师需要专业支持上。

1. 教师主体性的发挥

3 种核心驱动因素影响下的 TPACK 发展共性在于 3 位案例教师均有着较强的主体性，并在不断的反思和行动中生成和发展 TPACK。教师主体性是指“教师在自我发展和教育实践中自主性、能动性和创造性的高度统一，其品质特征是‘目的明确、积极进取、大胆创新’”。[1] 主体性体现为“人在特定的社会文化和制度环境下，有能力去选择、有资格去践行、有勇气去承担自己认为重要的事情”，同时主体性又在“实践中不断浮现、转化和发展”。[2] 尤其是在教学中整合新技术时，教师主体性的发挥有助于教师解决和克服技术与教学整合过程中的各类问题和障碍，综合利用各种 TPACK 发展途径，积极学习和试验新的教学策略、学习评估，以促进学生的学习和成长。教师主体性的充分发挥有助于培养学生的主体性。

2. 教师需要专业支持

本研究发现，由于外在支持、教师自身专业发展取向等的不同，3 位案例教师的 TPACK 发展速度和程度有所不同。以学生为中心的 TPK、教学设计培训和支持可以显著推动高校教师 TPACK 发展。尽管参与慕课教学的高校教师

---

[1] 贺慧敏．教师主体性研究综述与展望 [J]. 教师教育研究，2019,31(1):107-112.

[2] 魏戈，陈向明．主体性的浮现：教师实践性知识的教育性意义 [J]. 教育学报，2019，15(4):72-79.

一般有丰富的 CK，一定的 PK 和 PCK，但是其 TK 与 PK 或 PCK 难以自动发生交互。TPK 培训和支持可作为教学设计支持，促使高校教师不断反思慕课设计和教学的特征，探索更能体现慕课教学特征的教学策略和学习评估，如开展多种学习活动，通过慕课论坛、微信群、QQ 群等推动学习者之间的交流和讨论。这将帮助高校教师更高效地整合各类基础知识，进而发展 TPACK。这进一步证实了已有研究在高校教师 TPK 对 TPACK 的高贡献方面达成的共识。[1-2] 此外，教学设计支持可以帮助慕课教师在 KISI、KAI、KoC 之间建立连接，发展 KoS 和 OCTSI，进而加强各要素之间的连接，形成较为稳固的 TPACK。

然而，由于面授思维的惯性以及学习支持服务意识与能力的缺失，[3] 高校教师理解和应用以学生为中心的 TPK 需要一个过程，这就涉及高校教师已有的 PCK 对 TPACK 发展的影响。本研究发现，高校教师首先会迁移传统课堂中的教学法，以学生为中心的 TPK 可能会促进高校教师 PCK 的转化，进而建构 TPACK。Chiasson 等 [4] 也发现教师在在线课程中会使用不同的技术工具，但所用教学策略仍类似于面对面教学策略。教师改变教学法是教师专业发展在 TPACK 方面所面临的挑战 [5]。出现以上问题可能的原因如下。①高校教师的教学建立在多年的专业实践基础上，很难因为技术的使用而有所改变，而且高校教师普遍缺乏在线教学经验，大多是从课堂教学直接过渡到慕课教学的。②多数高校教师没有经历过师范教育，欠缺教学法、教育学、心理学方面的知识。[6] 即使是教育学专业毕业的高校教师也难以在慕课中践行其教育教学思想。例如，我在参与有关教师的慕课磨课会议时，就听到教育学专业的资深教师坦言

[1] 徐春华，傅钢善，侯小菊 . 我国高校教师的 TPACK 水平及发展策略 [J]. 现代教育技术，2018，28(1):59-65.

[2] 任秀华，任飞 . 高校教师 TPACK 现状调查及问题分析 [J]. 现代教育技术，2015，25(4):38-44.

[3] 韩艳辉 . 国内慕课建设评议：兼论外语类课程的慕课适用性 [J]. 外语电化教学，2019(10):33-39.

[4] Chiasson K, Terras K, Smart K. Faulty perceptions of moving a face-to-face Couse to lnline instruction[J]. Journal of College Teaching & Learning, 2015, 12(3):231-240.

[5] Koh J H L. TPACK design scaffolds for supporting teacher pedagogical change[J]. Educational Technology Research and Development, 2018.

[6] 任秀华，任飞 . 高校教师 TPACK 现状调查及问题分析 [J]. 现代教育技术，2015，25(4):38-44.

自己始终难以改变教学中的教科书式思维。③高校（近年的科研导向）影响了教师融合 TK、PK、CK 的积极性和主动性。

因此，只有将教师主体性及相应的专业支持相结合，高校教师才能更有效地应对新技术带来的挑战，获得专业成长与发展，最终促进学生的成长与发展。

第二节 建议

作为一种新型的在线学习形式，慕课吸引了规模化、差异化的学习者，这给高校教师提供了与技术建构双向互动关系的机会。一方面，慕课教师需要针对规模化、差异化、易退出的慕课学习者，发展 KISI、KAI、KoS、KoC 和 OCTSI 等 TPACK 要素，增强课程设计和实施的灵活性、针对性。例如，提供多种学习路径代学习者选择；利用论坛、社交媒体促进学习者互动和参与；对数量庞大的学习者进行个性化测评；鼓励学习者分享其学习目标并发挥其专业特长；[1] 针对学习者尤其是在职人士面临的现实问题，提高慕课学习经历与学习者的问题解决、职业发展的相关性，促进学习者的能力发展。另一方面，慕课教师还需加强 KISI、KAI、KoC、KoS、OCTSI 等 TPACK 要素之间的联系，提高教学的效率和提升教学的效果。然而，TPACK 是一种教师在教学时随时会用到的专家级知识形式，[2] 因此在建构和发展 TPACK 的过程中，高校教师需要专业支持。基于前述研究，本研究提出以下 3 点建议。

[1] 许涛．佛罗里达州立大学慕课设计与实施 [J]. 集美大学学报（教育科学版），2015，16(6): 84-88.

[2] 全美教师教育学院协会创新与技术委员会．整合技术的学科教学知识：教育者手册 [M]. 任友群，詹艺，译．北京：教育科学出版社，2011:3-29.

一、推动高校教师 TPACK 要素及要素间关系持续发展

教育领域的大量教学改革实证研究表明，相较于其他方面的改革，“教学改革难度更大、操作更难、见效更慢”，[1] 且由于改革时间不长，教师很多固有的教学信念和行为模式及学生的学习方式和学习结果难以在短时间内发生改变。[2] 教师长久以来形成的“教学惯性”或“教育记忆”成为影响教育技术与教学融合等教学改革的主要因素，而且这种惯性或记忆已经被模式化和固化，处于集体无意识状态，在与环境的互动中形成了某种“默契”的心理场。[3] 例如，在慕课教学和在线教学也普遍存在将线下课直接搬到线上的现象。此外，有关教师 PCK 发展的研究表明，讲授占主导的学科教学统领观念会控制教学策略和知识表征并阻碍教学策略与其他要素发生联系。[4] 因此，本研究建议高校教师超越教学策略改变等表层的技术整合，关注 KoS 等 TPACK 要素及要素间关系的发展，形成 TPACK 系统思维，推动自身的 TPACK 持续发展。

此外，未来应加强对以学生为中心的高校教师 TPACK 发展的关注。尽管已有大量的 TPACK 发展途径，但过去 10 年国际上有关学校信息通信技术实践的实证研究仍表明，教师主要使用技术进行内容表征。[5] 有关我国教师技术使用的实证研究显示，我国教师的技术使用有限，且很少将技术用于以学生为中心的活动。[6] 与以教师为中心使用的技术的作用是提供操练机会，支持直接教学或利用程序开展更有效的学习等相比，以学生为中心使用的技术是写作、

---

[1] 潘懋元．潘懋元论高等教育 [M]. 福建：福建教育出版社，2000.

[2] 郭建鹏，杨凌燕，史秋衡．西方高校师生教学信念研究的缘起、进展及趋势 [J]. 复旦教育论坛，2013，11(2):25-29.

[3] 邬大光．教育技术演进的回顾与思考：基于新冠肺炎疫情背景下高校在线教学的视角 [J]. 中国高教研究，2020(4):1-6.

[4] Park S Chen Y C. Mapping out the integration of the components of pedagogical content knowledge (pck): Examples from high school biology classrooms[J]. Journal of Research in Science Teaching, 2012,49(7):922-941.

[5] Koh J H L. TPACK design scaffolds for supporting teacher pedagogical change[J]. Educational Technology Research and Development, 2018.

[6] Liu H, Wang L, Koehler M J. Exploring the intention-behavior gap in the Technology Acceptance Model: A mixed-methods study in the context of foreign-language teaching in China[J]. British Journal of Educational Technology, 2019,50(5).

数据分析、问题解决和交流（协作和信息获取）的工具。[1] 将技术用于支持以学生为中心的学习可以“拓展课堂边界，将学生与真实世界的事件相连接，引导学生成为独立的学习者”。[2] 因此，近年来越来越多的实践和研究从关注是否使用技术，发展到关注如何推动教师开展以学生为中心的技术整合。例如，经济发展与合作组织（OECD）于 2019 年公布的教师教学国际调查（TALIS）也从支持学生利用信息技术完成项目和课程作业、支持学生利用信息技术工具学习等以学生为中心的视角来考察教师的技术应用现状。有学者提出面向真实学习、协作学习、反思性学习、主动和建构性学习等 21 世纪学习的教师 TPACK。[3] 本研究发现，慕课教学情境下高校教师 TPACK 发展具有复杂性和多样性，尤其体现在从知识传输到促进学习的转变中。因此，未来的研究和实践有必要关注如何引导教师更好地从以知识传输为主转化为促进学生学习，这就需要教师更好地理解和关注学生的先前知识、学习方法以及知识理解和应用情况，引导学生积极、主动地参与学习活动和意义建构，使其最终成为独立的终身学习者。

二、形成技术支持师生共生发展的学习文化

美国著名的多媒体学习研究专家梅耶指出，当新技术出现时，人们往往很兴奋，常以技术为中心而不是以人是如何学习的为中心思考教育问题。[4] 因而，没有正确处理人与技术的关系被认为是信息技术与教育教学深度融合进

[1] Ertmer P A. Addressing first and second-order barriers to change: Strategies for technology integration[J]. Educational Technology Research and Development, 1999,47(4):47-61.

[2] Teo T, Milutinović, V, Zhou M, et al. Traditional vs. innovative uses of computers among mathematics pre-service teachers in Serbia[J]. Interactive Learning Environments, 2017,25(7):811-827.

[3] Chai C S, Joyle H L K Teo Y H. Enhancing and Modeling Teachers' Design Beliefs and Efficacy of Technological Pedagogical Content Knowledge for 21st Century Quality Learning[J]. Journal of Educational Computing Research, 2019,7(2):360-384.

[4] 王雪，王志军，韩美琪 . 技术环境下学习科学与教学设计的新发展：访多媒体学习研究创始人 Richard Mayer 教授 [J]. 中国电化教育，2019(10):8-13+31.

展不大甚至二者出现异化的重要原因。[1] 长期以来，人们遵循工具理性来认识和理解教师与技术的关系。"工具理性"又被称为"功效理性"或"效率理性"，是指人通过实践活动证实某一工具或手段的有用性之后，开始追求该工具或手段的最大功效，以服务于某种功利目的的达成。[2] 工具理性不仅使人肤浅和盲从，甚至会带来种种异化现象，[3] 使人与技术相互疏离：一方面，教育技术研发和创新推广缺少教师的参与，且对教师发展水平对技术的制约以及技术对教师的影响与作用缺乏深刻的认识 [4]，导致看似富含先进的结构与性能的技术难以融入日常教育教学实践；另一方面，教师的主体性被弱化，教师被局限为技术操作者，只需努力增强操作、控制技术的能力，无须思考如何发挥技术的育人作用，从而失去创造冲动与自由意志，相应地，学习者的主体性也被弱化了。[5] 此外，关注技术与教育的关系的教育技术领域的研究者也大多持工具理性观，例如他们更关注技术如何让学习更有效、更有意义，以及如何利用技术支持协作学习等。[6] 显然，工具理性观不利于高校教师主动应对信息技术带来的挑战。

近年来，随着信息技术的迅猛发展，信息技术在教育领域的应用在很多方面超出了原有教育理论的范畴，甚至对传统教育理论和观念提出了挑战。[7] 有学者指出，看待教育和技术的关系还存在另外一条思考路径，即从技术变革视角看教育。[8] 例如，互联网通过整合人际传播、群体传播、大众传播等传统传播形式，形成较复杂的大规模、远距离、双向式传播结构，对原有社会治理结构、人类协作模式、全球化竞争与合作、未来人才培养等均提出了挑战；由人

---

[1] 王美倩 . 具身视野下教育中人与技术关系重构的理论探索 [D]. 武汉：华中师范大学博士学位论文，2018.

[2] 卓毅，肖伟 . 从工具理性到行为意义：教师与技术关系的重构 [J]. 当代教育科学，2019(2):66-70.

[3] 李芒 . 对教育技术"工具理性"的批判 [J]. 教育研究，2008(5):56-61.

[4] 李美凤 . 技术视野下的教师发展论 [M]. 北京：教育科学出版社，2011.

[5] 檀传宝 . 若只有科技，教育就没有未来 [OL].

[6] Sørensen, E. he Materiality of Learning: Technology and knowledge in educational practice[M]. Cambridge University Press, 2009:6.

[7] 李美凤 . 技术视野下的教师发展论 [M]. 北京：教育科学出版社，2011:1-6.

[8] 郭文革 . 从三个视角看信息技术对教育发展的影响 [J]. 中国民族教育，2017(7): 12-14.

工智能技术等引领的智能时代的到来使每个人都面临认识和处理机器与自我、技术与自我的关系问题，每个人都需要主动建构新型人机关系，并将这种关系转化为自我教育、自我生长活力。[1] 具体到慕课教学，互联网应用可分为两类：I 类应用指通过互联网传播内容，C 类应用指通过互联网建立人与人之间的交流和对话。[2] 然而，我国高校教师更注重通过互联网传输知识，在利用互联网促进学生反思和交互、激励和促进高阶学习方面仍有待探索。高校教师需加深对互联网等信息技术的可供性和局限性的认识，进一步发挥主体性，挖掘技术的教育可供性，引导学生共同营造一种师生共生发展的新型学习文化，在促进学生深度、有效学习以及学生生命成长与发展的同时，使自身也得到成长与发展。在这里，技术的内涵更加丰富，技术并不是一种教师用来教的工具，也不是一种学生用来学的工具，而是师生得以实现共生发展的支持。

三、构建立体化的支持体系

20 世纪 80 年代以来美国高校以学生为中心的本科生教育改革为我们提供了两个经验教训：一是范式意识不足，即很多学校未对改革进行整体规划，支持系统与教学改革不匹配，甚至存在冲突；二是缺少对教师的系统化培训，导致改革进展缓慢，[3] 因此，在面对在线教育的大规模发展时，我国需要在国家层面建立符合互联网时代要求的教育配套产业体系，减少个人低层次、重复性劳动。高校则需要进行整体规划，提供相应的支持系统，为教师提供系统化、专业化的培训和支持，具体包括教学设计支持、TPK 培训与支持、教学学术支持和教学管理支持，以推动教师通过设计学习、协作和建构专业学习共同体，形成 TPACK 战略思维。本研究所构建的 TPACK 发展路径表明，整合多种发展途径可推动高校教师的 TPACK 发展，包括加强对高校教师教学设计的支持，

[1] 李政涛，罗艺．智能时代的生命进化及其教育 [J]. 教育研究，2019，40(11):39-58.

[2] 郭文革．从三个视角看信息技术对教育发展的影响 [J]. 中国民族教育，2017(7):12-14.

[3] 赵炬明，高筱卉．关于实施“以学生为中心”的本科教学改革的思考 [J]. 中国高教研究，2017(8):36-40.

为高校教师提供以学生为中心的 TPK 培训与支持；为高校教师提供教学学术和教学管理方面的支持等。

1. 教学设计支持

长期以来，我国高校教师普遍重视内容传授，缺乏课程教学设计的意识和支持，尤其是缺乏课程目标、教学策略和学习评估的整合意识，只能在实践中琢磨，沿袭传统课程的设计方法，从而使慕课设计与传统课程趋同。相对于由学科教师单独开发的在线课程，由团队开发的在线课程的交互形式更多样；学习者在团队开发的在线课程中的学习成果和体验也更好。[1] 因此，基于团队的方法（Team-based Approach）逐渐成为在线课程设计的特征，即教学设计人员、技术支持人员，有时候还包括研究生，与教学人员合作设计课程。Najafi 等在对参与慕课教学的多伦多大学的教师访谈的基础上发现，在慕课设计过程中，系统的、基于研究的教学设计支持有助于教师进行课程规划，并加深他们对教学设计的理解。[2] 例如，多伦多大学为慕课教师提供了工作坊，由此，慕课教师可以使用模板将学习成果、作业和活动之间的一致性可视化，并有机会分享自己的设计。

国外不少研究者从促进教师反思和构建实践共同体等视角探索了如何为教师整合技术的课程设计及 TPACK 发展提供支持。例如，Kramarski 利用元认知问题引导教师进行自我调控，帮助教师发展 TPACK，优化课程设计。[3]Tee 等基于知识管理模式分析教师专业共同体在合作过程中建构的 TPACK，[4] 即合作可能带来单个教师工作时所没有的同行评议和反思机会，从而促使教师建构

[1] 钱玲，徐辉富，郭伟．美国在线教育：实践、影响与趋势——CHLOE3 报告的要点与思考 [J]. 开放教育研究，2019(3):10-21.

[2] Najafi H, Rolheiser C, Harrison L, et al. University of Toronto instructors' experiences with developing MOOCs. International Review of Research in Open and Distributed Learning, 2015,16(3):233-255.

[3] Kramarski B, Michalsky T. Preparing Preservice Teachers for Self-Regulated Learning in the Context of Technological Pedagogical Content Knowledge[J]. Learning and Instruction, 2010,20(5):434-447.

[4] Meng YT, Lee S S. From Socialization to Internalization: Cultivating Technological Pedagogical Content Knowledge Through Problem-Based Learning[J]. Australasian Journal of Educational Technology, 2011,27(1):89-104.

TPACK。Koh 则综合利用多种设计支持，如整合有意义的学习量规、课程设计启发、TPACK 活动类型等，支持教师进行教学法变化。[1]Aydin 等采用内容表征（Content Representation，CoRe）、指导、PCK 课程相结合的方式促进职前教师 PCK 及 PCK 要素间关系的发展。[2] 其中，CoRe 最初是由 Loughran 等开发的用于表征教师 PCK 的工具，Aydin 等则在其中加入课程目标（见附录四），可帮助教师有效地设计课程。需要注意的是，除了通过上述方法促使高校教师开展技术性反思，还需要促使高校教师开展实践性反思和解放性反思，以及形成 3 个层次的反思之间的贯通力，[3] 这样有助于加强高校教师 TPACK 各要素之间的连接。

2. TPK 培训与支持

本研究发现，以学生为中心的 TPK 培训与支持能为高校教师提供支持，帮助其尽快整合 CK、TK 与 PK，创造性地建构和发展 TPACK。否则，高校教师将沿用已有的注重讲授的 PCK，而不会考虑采用以学生为中心的教学法且难以充分整合技术的可供性。因此，帮助高校教师从以教师为中心的信息通信技术使用转化为以学生为中心的信息通信技术使用是专业发展在 TPACK 方面亟须解决的问题。然而，高校教师的教学法难以改变，因为高校教师的教学法受其知识、信念、经验和所处情境等因素的影响，其中，教学法变化最主要的障碍是高校教师在教学实践中经过证明的专业经验。[4] 这被 Ertmer 称为信息通信技术整合的第二类障碍，即内部因素，它比由信息通信技术基础设施等外部因素引发的第一类障碍更难以克服。[5] 此外，高校教师的教学法也由学校政策、

[1] Koh J H L. TPACK design scaffolds for supporting teacher pedagogical change[J]. Educational Technology Research and Development, 2018.

[2] Aydin S, Demirdogen B, Akin FN, et al. The nature and development of interaction among components of pedagogical content knowledge in practicum[J]. Teaching and Teacher Education, 2015(46):37-50.

[3] 李莉春 . 教师在行动中反思的层次与能力 [J]. 北京大学教育评论，2008(1):92-105+190.

[4] Koh J H L. TPACK design scaffolds for supporting teacher pedagogical change[J]. Educational Technology Research and Development, 2018.

[5] Ertmer P A. Addressing first-and second-order barriers to change: Strategies for technology integration[J]. Educational Technology Research and Development, 1999,47(4):47-61.

课程和学生等因素塑造。[1] 本研究中 C 老师由于得到了 TPK 培训与支持，其 TPACK 得到了明显、快速的发展。因此，我国高校需进一步探索如何更好地为高校教师开展慕课等在线教学提供持续的培训与支持，促使高校教师不断学习和应用以学生为中心的教学法、较新的在线教育技术、整合技术的评估方式等，关注学生的知识理解和应用情况，以适应和发展学生的需要和能力。

3. 教学学术支持

相对于中小学教师，高校教师大多有较好的学科研究基础，可以将已有的研究思维和方法迁移到教学学术中。当高校教师将教学工作公开、接受同行评价和批评，并与其他成员交流并加强自身工作时，教学就变成了教学学术，教学学术具有自我反身性、理论生成性、跨学科性等特征。在我和很多高校教师交流的过程中，不少高校教师提到自己对教育学术语缺乏了解。在访谈中，一些慕课教师也提到希望自己能得到教育理论和教学研究方面的培训和支持。因此，高校应鼓励和支持高校教师在日常教学中开展课例研究等行动研究，形成多学科合作的学术共同体，协作建构有实证支持的覆盖各学科的丰富 TPACK。在开展教学学术研究的过程中，高校教师也有机会了解更多的教育教学知识，促进自身的 TPACK 发展。本研究中 Y 老师的 TPACK 发展就是一个很好的例证。

4. 教学管理支持

学校环境因素可以使教师走出信息技术能力基础薄弱或发展动力不足的困境，为增强教师的信息技术应用能力提供关键支撑。[2] 灵活的支持系统和教职员工发展研讨可逐渐提高教职员工对信息化学习技术的熟悉度，帮助他们对新的信息通信技术形成积极信念；缺乏经验的教师也可以借机开展在线教学。高校若要推动教师参与在线教育等新型人才培养，还需要提供配套支持。例如，

---

[1] Angeli C, Valanides N. Epistemological and methodological issues for the conceptualization, development, and assessment of ICT-TPCK: Advances in technological pedagogical content knowledge (TPCK) [J]. Computers & Education, 2009,52(1): 154-168.

[2] 李文 . 行动科学视角下教师 TPK 影响因素分析及发展策略研究 [D]. 东北师范大学，2019.

很多慕课教师提到学分认可会对学习者的慕课完成率产生较大影响。例如，相对于较低的整体通过率（6.05%），HY 老师发现集体组织学习的在校生的通过率高很多（80% 以上）。这就意味着高校需要在慕课学分认可、质量保障等管理方面提供配套支持。

研究表明，本科教学水平提高的根本在于教师的内在激情与成就感，柔性的文化与氛围的形成和营造显得尤为重要。[1] 因此，高校教学管理人员需要构建综合的支持系统，支持教师从等待既定方案的学习者，积极通过课程设计转变成为 TPACK 创建者，[2] 在规划、实施和评估整合新技术的教学过程中形成 TPACK 思维，即知道何时、在哪里及如何使用领域相关的知识和策略，引导学生利用恰当的信息通信技术进行学习。[3] 这意味着高校教师不应停留在教学策略和评估的发展层面，还应借助学习分析工具等技术和方法加强对学生特征、学习需求、学习动机、学习过程中面临的难点等的了解，以检验教学策略和评估的效果。此外，高校教师还需强化课程目标的统领作用，加强课程目标、教学策略、学习评估之间的连接，提高教学效率和教学质量。这样在面对新技术时，高校教师才能更为主动而又谨慎地探索技术与学科教学的整合。

总之，高校教师应从更关注学科内容知识，以及如何使用技术更多地传输信息和知识，转向更关注学生的问题、兴趣、需求，乃至成长、发展与幸福，在技术支持下运用真实学习、协作学习、反思性学习、主动和建构性学习等方式创设丰富的学习环境，将经验和生活中的学习、书本知识的学习、虚拟现实中的学习有机结合，培养学生的逻辑和理性思维、批判性思维、创新思维、协作能力等 21 世纪技能，使其成为自主的、自我激励的终身学习者。在这个过程中，高校教师也将获得主体性发展，收获职业幸福。

---

[1] 阎光才．高水平大学教师本科教学投入及其影响因素分析 [J]. 中国高教研究，2018(11):22-27.

[2] Koh J H L, Chai C S, Benjamin W, et al. Technological Pedagogical Content Knowledge (TPACK) and design thinking: A framework to support ICT lesson design for 21st century learning[J]. The Asia-Pacific Education Researcher, 2015,24(3):535-543.

[3] Niess M L. Investigating TPACK: Knowledge growth in teaching with technology[J]. Journal of Educational Computing Research, 2011,44(3):299-317.

第三节 研究反思

人类已经从农业时代、工业时代、信息时代进入"智能时代"，机器从未如此像人，人类从未如此依赖机器，人与机器的深度融合已成为必然趋势。[1]为应对这一变化，近年来，我国颁布《关于全面推进教师管理信息化的意见》《教师教育振兴行动计划（2018—2022 年）》《关于开展人工智能助推教师队伍建设行动试点工作的通知》《教育部关于实施卓越教师培养计划 2.0 的意见》等一系列有关教师专业发展的政策文件，强调提升教师的信息素养和增强信息技术应用能力应先于其他教学领域。然而，将这些愿景和政策落到实处，还需要结合教师的现状、需求及教师发展规律。因此，本研究从参与慕课教学的高校教师的视角出发，一方面汇聚和提炼其在慕课教学中构建的实践性知识，另一方面深入分析高校教师在慕课教学情境下 TPACK 的发展，揭示其 TPACK 发展的复杂性和多样性，以期帮助高校教师发展系统化 TPACK，帮助高校管理人员有针对性地推动高校教师 TPACK 发展。

一、研究创新

本研究的创新体现在以下两个层面：在理论层面，本研究将 TPACK 知识成分和构成要素两条研究路径相结合，深化了对 TPACK 内涵和价值的认识，并建构形成高校教师 TPACK 发展路径，揭示了技术情境下高校教师 TPACK 发展的复杂性和多样性；在实践层面，本研究一方面汇聚了高校教师有关慕课教学的实践性知识，另一方面通过案例呈现了高校教师在教学实践中 TPACK 的发展机制，以期帮助更多高校教师从同行的案例中受到启发，建构系统化 TPACK。同时，本研究试着在理论和实践之间建立桥梁，推动两个领域之间进行更多的对话并达成相互理解。

[1] 李政涛，罗艺 . 智能时代的生命进化及其教育 [J]. 教育研究，2019，40(11):39-58.

1. 深化对 TPACK 内涵和价值的认识

现有 TPACK 研究较多关注 TPACK 各知识成分的发展，且过于关注技术，少有研究关注 TPACK 各知识成分之间的关系。本研究结合 PCK 要素方面的研究，将 TPACK 知识成分和构成要素两条研究路径相结合，尝试消除以往技术整合研究过于关注技术的弊端，强调整合的 TPACK 知识观。

其中，TPACK 知识成分研究关注 TPACK 发展路径，体现了 TPACK 发展的动态性和复杂性，促使教师在面对新的技术情境时从系统的视角整合 CK、PK、TK 的可供性，而不是单一地考虑技术、教学法和学科内容。

TPACK 构成要素研究则强调对 TPACK 内涵的深入认识，即教师对 KISI、KAI、KoS、KoC，以及 OCTSI 等要素及其关系的理解。这是对 TPACK 3 类基础知识的细化，可实现 3 类基础知识的有效整合，促使学生更有效地理解和应用知识。这也有助于教师形成 TPACK 系统思维，超越对 KISI、KAI 等表层要素的关注，发展 KoS、KoC 及 OCTSI 等更深层次的要素，并加强 TPACK 各要素间的连接，并能在面对新技术、新教学法或新的学科内容时有效迁移已有 TPACK。

综合 TPACK 知识成分和构成要素两条研究路径，本研究认为 TPACK 是指教师为促进学生理解及应用学科内容，融合 CK、PK、TK、PCK、TCK、TPK，形成的对 KISI、KAI、KoS、KoC，以及 OCTSI 及其相互关系的理解。

需要说明的是，高校教师通过慕课教学发展形成的 TPACK 有一定的特别之处，这体现在两个方面。一是与高校教师平日所面对的在校大学生不同，慕课的教学对象具有规模化、差异化等特征，涉及在校大学生、社会人士等各类人群，且慕课学习具有自主性和协作性特征，这要求高校教师的教学策略、学习评估要更贴合差异化学习者的特征和需求，课程更具实用性。二是目前的慕课教学主要采取异步在线教学的方式，因此相应的教学策略、学习评估、课程目标要适合异步在线教学，而大多数慕课是高校教师根据已有教学经验及对慕课学习者特征的想象预先设计的。随着直播技术的发展，不少高校教师开始利用直播软件开展同步在线教学，而同步在线教学对流量、网速等有较高的要求，且要求师生同时在线。高校教师可以根据实际情况，将同步在线教学、异步在线教学相结合，采用更丰富多样的教学策略、学习评估方式，提高学习者的学习效率和学习质量。

2. 揭示了高校教师 TPACK 发展的复杂性和多样性

以往的 TPACK 研究大多通过定量研究测量教师的 TPACK 水平以及整合信息技术的培训和项目对教师的影响，缺乏基于高校教师视角的对其在具体教学实践中 TPACK 发展的研究。已有的有关慕课教学、在线教学的研究则强调教师应按照已有在线教学理论开展教学，难以帮助教师更深层次地思考 CK、TK 和 PK 之间的复杂关系，因而也难以达到“授人以渔”的目的。也就是说，即使按照专家的具体慕课教学“药方”开展慕课教学，教师在面对其他新技术时仍无法实现有效的、创造性的整合。

本研究通过案例研究，从高校教师的视角揭示其 TPACK 发展的复杂性和多样性，并从中提炼出高校教师 TPACK 发展路径。高校教师 TPACK 发展的复杂性体现在高校教师需要框定问题情境，通过行动中反思、观看其他慕课、参与培训、开展学习分析与研究等多种途径，习得 TK、TPK、TCK 等技术方面的知识，并与已有的 KoC、PCK 等整合，从而形成 TPACK，然后通过不断验证效果，推动 TPACK 持续发展。高校教师 TPACK 发展的多样性体现在由于组织支持、教师专业发展取向等的不同，教师 TPACK 发展的速度和程度不同：3 位案例教师分别是效果、设计、扩散 3 种核心驱动因素作用下的 TPACK 发展典型。

高校教师可以对照 TPACK 发展路径，在教学实践中充分发挥主体性，建构和发展 TPACK。高校教学管理人员可以通过提供 TPK 和教学设计培训、协助设计、提供学习分析工具、鼓励开展基于慕课的混合教学、提供教学学术支持等多种途径增强高校教师慕课教学的主动性，引导其发展 TPACK 要素及要素间关系。

3. 汇聚了高校教师有关慕课教学的实践性知识

长期以来，教育理论和实践之间缺乏充分的对话，一方面，教学设计等教育技术理论难以内化到高校教师的行动中，难以在实践中发挥作用；另一方面，高校教师积累的技术与学科教学整合的经验得不到应有的认可，难以获得深入的发展。针对开展在线教学的教师的质性研究提供了主位（Emic）的视角，[1] 可为未来的实践和研究提供方向。一方面，这有助于认可教师在慕课教学过程中建构的实践性知识，包括他们在面对规模化、差异化学习者时如何调整教学策略和学习评估，如何转变自身角色和教育教学观念，如何更好地了解学习者利用技术进行学习的理解和认知情况，如何构建新的协作模式，如何借鉴和发展相关在线教学理论以改进实践等。这为其他高校教师提供了借鉴和启发，尤其是在技术部冠肺炎疫情以来的情况下，每个高校教师都要面对如何开展有效的在线教学的问题。另一方面，这也将丰富在线教育理论，关注技术与教学整合过程中那些可能对师生学习和成长更重要的“慢变量”，[2] 打破长期以来教师疲于被动追逐新技术的局面。因此，本研究试图加强在线教育理论和在线教育实践之间的互动，加强研究者和实践者之间的对话，从而形成合力，推动高校教师 TPACK 持续发展。

二、研究局限

本研究存在以下局限与不足，这也为后续研究提供了方向。

（1）典型案例所涉及的学科类型较为单一。由于 TPACK 涉及 CK，且为了减少过多变量的干预，本研究目前仅重点关注语言类学科高校教师的 TPACK 发展。然而，不同学科的高校教师的 TPACK 发展可能会有所不同，未来可结合具体学科进一步开展研究。例如，本研究发现，很多计算机教师因为具有专业背景优势，成为慕课教学的积极参与者，在教学实践中积累了丰富的 TPACK。此外，不同学校类型、处于不同专业发展阶段的高校教师的 TPACK

[1] De Gagne, J C, Walters, K. Online teaching experience: A qualitative metasynthesis (QMS)[J]. Journal of Online Learning and Teaching, 2009, 5(4):577-589.

[2] 托马斯·弗里德曼 . 谢谢你迟到：以慢制胜，破题未来格局 [M]. 符莉捷，朱映臻，崔艺，译 . 长沙：湖南科学技术出版社，2018.

发展可能会有所差异，未来可以进一步开展研究。

（2）对 TPACK 要素间关系的研究有待深入。现有的有关 TPACK 要素间关系的资料主要来自高校教师的自我报告，未来可通过收集高校教师在设计过程中的讨论、学习者反馈等数据，进一步丰富 TPACK 要素间关系发展方面的资料，以更深入地揭示 TPACK 要素间关系的发展情况。

（3）未能考虑新技术对 KISI、KAI 等 TPACK 要素的影响。本研究始于对慕课教学兴起的关注，主要聚焦于慕课教学情境下高校教师 TPACK 的发展。高校教师在慕课教学过程中大多采用异步在线教学的方式，即设计课程资源和活动供学习者自学，并利用论坛、社交软件等促进学习者交互，以弥补师生准永久性分离带来的认知偏差和情感缺失。异步在线学习具有较强的灵活性，学习者可以按照自己的步调进行学习，但它对学习者的学习自主性、自我管理能力有较高的要求。直播技术的成熟和快速应用为高校教师开展同步在线教学提供了更多可能。在同步在线教学过程中，高校教师可能会面对新的问题情境。未来可以关注同步在线教学的教学策略、学习评估，以及异步在线教学和同步在线教学的整合。

附录一 受访教师基本情况

一、W 老师

W 老师是第一位接受我访谈的慕课教师，她是北京某所知名“985”高校教育学院的教授，也是国内教育技术学界的知名学者。在访谈前，出于工作和撰写博士论文的需要，我也学过 W 老师开设的几门教育类慕课。2015 年 12 月，在一个有关教育信息化的国际会议上，我有幸见到了 W 老师，并问她慕课教学过程中让她印象最深刻的方面，她提到自己将慕课工作、研究生培养以及一直关注的教学设计研究整合起来，“一举三得”。这给我留下了很深的印象，当时我正在准备访谈提纲。2016 年 1 月，在通过邮件征得其同意后，我通过 Skype 对远在美国访学的 W 老师进行了近一个小时的访谈。

W 老师有多年的网络教学、教学设计、高等教育信息化、教师信息技术能力培训方面的研究和实践经验，且一直在关注在线教学研究。早在网络带宽偏小和视频尚未流行时，W 老师就采用了以文本材料为主的在线教学方式进行教师培训，其在线教学设计强调如何设计和开发相关的内容和问题、创造适当的教学环境，引发学习者的讨论，以达到预期的教学目标。W 老师顺利地将成熟的面授教学资料转化为在线资源和学习活动，并将慕课作为研究场和研究生培养的实践场。

二、L 老师

结识 L 老师，是因为我选修了他主讲的一门中国传统文化课程，看到有论文指导微信群，我就加入了，并冒昧地对 L 老师说想要对他进行访谈，L 老师很爽快地答应了我，我们通过电话进行了一个小时的访谈。

L老师，祖籍山东省，出生在辽宁省沈阳市。1981—1988年，L老师在北京一所理工科大学电信系就读，研究生毕业后到成都一所理工科大学工作。1993—1994年，L老师在一家校产企业做总经理。为了做好企业管理，他学习了很多管理方面的知识，尤其对我国古代某位思想家的管理思想感兴趣。由此，L老师开启了对我国传统管理思想的研究和推广之旅，聚焦相关人物和历史研究，并在多次管理培训中对相关思想进行普及。L老师还多次去这一思想家的纪念馆考察，与纪念馆、文化研究院的负责人探讨，并与他们结下了很深的友谊。经过多年的研究和培训经验，L老师形成了自己的一套理论。2012年，他去山东曲阜讲课，现场正好有一个媒体工作者，听了他的课很感兴趣，就把课程信息告诉了自己媒体圈的朋友。百家讲坛栏目组的工作人员在得到这个消息后进行了摸底调查，之后辗转联系到他。经过资格审查关、讲课魅力关（需提供一段视频）、选题关、大纲关、试讲关等，L老师成为百家讲坛的主讲人之一。

L老师第一次听说慕课，是一次线下培训时有学生问他这门课程有没有上慕课，他这才了解到慕课，但因为当时大众对慕课的关注还比较少，他就也没有过多关注。直到2015年夏天，L老师给所在学校的中层干部做培训时，当时在场的教务处处长提出想把L老师的培训课程做成慕课。学校对慕课的关注，以及L老师对慕课已有的认识，促成了L老师的慕课的诞生。

三、P老师

我是通过一家慕课平台的课程顾问和P老师相识的。P老师很爽快地答应了我的访谈，我们约在P老师家附近的一家咖啡馆进行访谈。那是一个冬日的午后，天气很寒冷，但是咖啡馆里没有什么人，很安静。就这样，我们聊了两个小时。

P老师在博士后出站后就职于上海一所知名的“985”高校，和大多数高校教师一样，他没有接受过严格的教师资格训练，便开始上课。由于所在学院是新办学院，教师少，P老师前后教了10多门课，这促使他思考如何更有效地开展教学。

2002 年左右，P 老师所在高校开展了教学大讨论，旨在进行教学改革：学校鼓励教师开设各种通选课，以扩大学生的知识面，并将选课权利交给学生，这不同于之前学校将课程和学生排好，既给了学生很大的选择权，也给教师带来了压力。这让 P 老师意识到教学并不是那么简单的事情，需要思考如何更有效地开展教学，并吸引学生。这应该是 P 老师“生本意识”的萌芽。紧接着，学校送 P 老师等教师到澳大利亚一所大学参加英语教学方面的短期进修，这所大学教育系的教师教了他们很多教学方法。在此期间，P 老师了解到教学原来有很多方法和技巧，也是一个相对成熟的研究领域。在教学实践中面临的问题及对教学法的系统学习，促使 P 老师在通选课中应用所学的教学法，这也开启了 P 老师的教学法在实际教学中的应用之旅。

21 世纪以来，以互联网为代表的信息通信技术已有很大发展，P 老师先后利用 BBS、学校课程网站开展教学，前者作为与学生交流的论坛，后者则功能更强大，可以实现课件存放、在线练习、答疑、讨论等功能。早在 2004 年，P 老师在学校课程网站上的论坛就已经非常热闹，学生可以在里面自由发言，讨论得非常激烈。在谈到当初 BBS 还少有用于教学，为什么 P 老师会想到用 BBS 来促进教学时，他认为有 3 个方面的驱动因素。首先，这是课程目标的要求，可以实现增进学生健康的课程目标，并可以促使学生课后继续探讨健康话题；其次，一门选修课要生存下去，需要增加与学生的互动，为课程树立口碑，吸引学生持久关注；再次，学生也渴望与教师建立联系。在这 3 个方面的因素的驱动下，BBS 乃至后来的学校课程网站成为很好的师生沟通的渠道，这不仅促进了教学，也促进了学生综合能力，乃至情感的发展。

2008 年，P 老师所在高校开展了第二次教学大讨论，这次讨论的主题是通识教育。机缘巧合之下，P 老师的一门中医药课程被学校选为通识，这门课程已历经 3 年的建设。相对于通选课，通识课的选课要求更为宽松，学生的选择权进一步扩大，例如学生可以试学 3 周，如果觉得不合适还可以退课。通识课的建设为 P 老师第一门慕课的开设奠定了基础。

2012年，上海市课程中心推进全市共享课程时，P老师的课程第一批入选。他还向上海市课程中心建议采用“在线学习+4~6次面授课/远程直播+参观等”的模式，类似于风靡全球的翻转课堂教学模式。

2013年被认为是我国的慕课“元年”，是年暑期，P老师所在高校两位副校长、教务处长开动员会，通过立项的方式鼓励教师申报建设慕课。当时，大家也不清楚慕课具体是什么样子，于是自行学习Coursera平台上的样例课程。由于慕课建设初期需耗费不少时间和精力，包括适应对着摄像头讲课、撰写台词脚本等，P老师将校内课程拆成上、下两门课程。P老师的第一门慕课率先登上了国际慕课平台，第一学期有29000多人选修。第二门慕课于2015年暑假制作完成。之后，随着国内慕课平台的成立，P老师的慕课又开始在国内多个慕课平台上运行。

此外，针对3个层次的学习者，P老师探索采用了不同的教学模式。针对在校大学生缺乏社会阅历且习惯于面对面教学的现状，P老师基于慕课进行翻转课堂教学，远程直播也提供了一定程度的帮助。P老师还和其他高校的教师组成教师团队，由当地的落地教师（助教或合作教师）组织本地学生进行翻转课堂教学，完成线上学习和线下考试。当然这需要慕课平台与各高校教务部门合作，后者负责安排学生选课和学分认证。社会学习者中的上班族则可采用随到随学模式，因为如果按照学期制运行慕课，他们会面临工学矛盾，容易掉队。此外，由于每个学习者的进度不同，会出现论坛不活跃、同伴互评无人评的问题，甚至出现“寂寞学习”，例如，一些退休人士学得又好又快。此外，为了提高学校的国际化水平，P老师还开设了面向国际学生的O2O教学模式，即一半内容在网上教，一半内容面授。P老师坚信开放的、线上与线下结合的教学模式将是未来的发展趋势，将大大拓宽课堂边界。

成熟且有特色的课程和教学法，以及信息技术的合理应用，对学习者特点和需求的了解，为P老师参与慕课教学奠定了扎实的基础。

四、Y 老师

我和 Y 老师很早就在一个外语教师教学研究群里相识。一次，Y 老师提到不得不进行教学改革，否则学生可能不会来上课。这给我留下了深刻的印象。2016 年 1 月，我先通过邮件对 Y 老师进行了访谈，发现意犹未尽。一直到 2016 年 12 月，我有一个慕课会议恰好在 Y 老师所在大学召开，我就提前和 Y 老师约好了访谈的事宜。我下了高铁，将行李放在酒店后，就迅速赶到 Y 老师的办公室。一进 Y 老师的办公室，我就看到了一个书架，它嵌在整整一面墙里，上面摆满了书，这让我对我国高校教师的精神世界有了进一步的认识。Y 老师的办公室里还有一个沙发和冰箱，通过访谈我才知道，Y 老师每天一早就来到办公室，晚上 10 点才离开。在我看来，Y 老师的办公室就像她的第二个家，她待在这个“家”的时间比待在真正的家里的时间还要久。在 Y 老师的这个“家”里，我们进行了两个小时的访谈，我被她对慕课的投入和热情所感染。

Y 老师是北京一所知名“985”高校的外语系教师，现在 50 多岁，她一直对教学很感兴趣，所开展的教学工作包括多年来一直利用暑期到全国各贫困县面向中学英语教师开展教育扶贫工作、面向所在大学的本科生开展英语教学、面向博士生开展学术英语教学。Y 老师开设第一门慕课的想法始于期望通过慕课更有效、更大规模地开展教育扶贫，提高我国贫困地区中学英语教师的教学水平。截至 2018 年，该课程吸引了来自全球的 50 多万名初级英语学习者。

五、B 老师

和 B 老师认识是经由一家慕课平台的课程顾问引荐，我们约在 B 老师家附近的一家咖啡馆见面，进行了一个半小时的访谈。在访谈过程中，我能感觉到 B 老师对自己的教学很自信，她教过各种类型的学生。

B 老师是上海一所著名的语言类高校的教授，长期从事翻译教学和研究，教过的学生包括本科生、研究生。2013 年秋，由同样从事翻译教学和研究的校领导领衔，校内多名优秀教师组成了课程团队（共 7 人），开始研发面向上海部分高校学生的翻译类慕课，这也是该校的第一门慕课。该慕课的定位是面向高校学生的通识性文化普及课程，学习者不需要有任何基础，只要对翻译感兴趣就可以学习。该慕课旨在通过更加有序的设计，让更多学习者在一定的历史、文化背景下了解翻译是什么，理解英、汉两种语言在对比和碰撞过程中呈现的复杂性和丰富性，并体会英语学习的趣味性。

六、T 老师

我与 T 老师之前就认识，但没有深入交流过。一次，我去 T 老师所在学校参加一个会议，因耳闻 T 老师在从事推进中小学慕课和翻转课堂的工作，就顺道去拜访了她。我们约在该校会议中心的一个咖啡馆见面，在交流过程中，T 老师向我介绍了他们的实践和研究进展，我提到自己正在从事关于我国高校教师慕课教学体验的研究，询问能否对 T 老师进行访谈，T 老师很爽快地答应了。

T 老师就职于上海一所“985”高校，她所在研究团队最近几年在对中小学教师进行慕课、翻转课堂的培训。最初，他们的培训方式也是传统的讲座加讨论的方式，但随着面向中小学教师和校长的培训的增多，T 老师所在研究团队的负责人要求团队的 10 位教师都将已有的培训课转化为慕课，探索利用慕课加翻转课堂的模式进行慕课和翻转课堂的培训。

七、C 老师

我是通过 C 老师所在学校负责慕课建设的教师认识 C 老师的。我在 2016 年春节前夕和 C 老师约好开学见，但开学后大家都很忙，访谈便一直推迟到暑期。我们约定在她家附近的一家咖啡馆见面。那是一个闷热的夏日，40 摄氏度的高温让人在外面稍微走一会儿就会衣服湿透。我很感激 C 老师在这样的天气接受我的访谈，而且当时 C 老师已经怀孕，马上要迎来小宝贝。见到 C 老师的第一眼，我就有一种很安心的感觉，她很沉稳，不乏独到的见解。和她谈话，我感觉很舒服，也受益匪浅。

C 老师就职于上海一所语言大学，于 1998 年进入这所大学读本科，后又攻读硕士学位，之后留校做英语老师，之后又在学校的跨文化研究中心工作了 3 年。在和学校图书馆开展跨文化资源数据库的建设过程中，C 老师感觉自己的知识储备不足，就决定去美国某大学深造，攻读传播信息科学方向的博士学位。因为所学课程与信息科学相关，并且有同学开展教育技术方面的研究，C 老师有机会对慕课形成初步的了解，并对其产生了一定的兴趣。在美国留学期间，C 老师还注册了一些慕课平台的账号，观看过一些课程的视频。C 老师最早接触的是 Coursera 平台，对 edX 平台则是因为不喜欢其界面，就没有继续学习该平台的课程，而对 FutureLearn 平台并不知晓。

2014 年获得博士学位之后，C 老师回到上海的学校，当时学校已在和英国的 FutureLearn 平台商谈合作事宜。由于 C 老师所在的跨文化研究中心有一门全英文授课的跨文化交流课程，且是上海市乃至国家精品课程，被认为改造起来比较容易，学校负责慕课工作的教师便与 C 老师所在的教学团队沟通。团队中有一位老师曾就职于该校传播学院，对教育技术比较了解，因此对开设慕课持支持态度，认为可以抱着尝试的心态参与慕课教学。作为团队的最年轻的成员，C 老师也信任这位教师对潮流的把握能力，和团队内的另外一位教授决定一起参与慕课教学。C 老师认为自己参与慕课教学比较偶然，然而偶然中带有必然，这得益于团队在研究和课程方面的多年积累。

八、J 老师

和 J 老师初识是在 2015 年 9 月在北京召开的一个远程教育国际会议上，年轻的 J 老师所做的干练的报告吸引了我的注意。后来，我通过会议主办方得到了 J 老师的联系方式，就和她约访谈的事情。直到 2016 年 12 月，我去北京参加一个慕课会议，才有机会和 J 老师进行面对面访谈。访谈地点是 J 老师所在研究所的一个小型会议室，我们进行了近两个半小时的访谈。

J 老师是北京一所知名“985”高校的一位“80 后”副教授，她的研究做得很不错，在教学中她也愿意尝试新的东西。她开设了程序设计慕课，有上万人选修该课程。和她谈话，我能感觉到她的纯真。

九、Q 老师

Q 老师是我国西部一所“985”高校化学学院的教师，我是通过 Q 老师所在学校的一位研究慕课的教师联系上她的，Q 老师很爽快地答应了我的电话访谈。在近一个小时的访谈中，我深切地感受到 Q 老师对教学的热情。

Q 老师有 30 多年的教学经验，她曾先后在小学和中学任教，后来在大学毕业后留在高校工作。她对教学非常感兴趣，认为上课是一件开心的事情。多年来，她一直主动运用各种技术手段和教学法，例如随着技术的发展，她利用动画、照片、图片、视频等媒体形式制作课件促进教学，让学生易学且喜欢学。

她更看重慕课等技术手段背后的专业知识，以及对教材、学生、教学方法等教学问题的思考和研究，提倡像做科研一样研究教学。她强调教师在教学过程中的转化作用，指出教师要先理解内容，再用通俗的语言将其讲出来，并让学生有兴趣跟着教师的讲课思路走，调动各种感官，不断思考，这样的课程听起来才有味道、有收获。作为一名经验丰富的专家型教师，她一边讲课，一边思考如何让学生更好地接受知识，并注重引导、培养学生的研究能力，从而实现在学习基础知识的同时培养能力的目标。在教学过程中，她积极发挥各种技术手段的优势，包括用图片、板书启发学生，利用动画形象地表示难以看见的工作原理（如水流在自来水管中的不同管截面的流速），还使用投影仪、Office 软件等工具。同时，每次上课之前她都会反复修改教案；在课上，她会关注学生的反馈，并通过板书或举例等方式加深学生对知识的理解。

Q 老师所教课程早在 2000 年就被评为国家理科基地名牌课程。正是因为有扎实的课程基础，她的课程被东西部高校课程共享联盟挑选为所在学校的第一批慕课。同时，Q 老师对新的教学法持开放态度，希望借此机会探索慕课在教学中的作用以及它具体适合哪些教学对象。

十、H 老师

和 H 老师相识是通过 H 老师的同事引荐。对 H 老师的访谈也是约了很久才约上的，她一直比较忙，有一段时间还在国外进修。2016 年年底的一个下午，我们相约在 H 老师的办公室进行了一个半小时的访谈。H 老师及其所在教学团队成员共享一间大办公室，办公室门口还挂着“国家级教学团队”的牌子。

H 老师是上海一所“985”高校大学物理教学团队中“最年轻”的老师，其实她是“70 后”，在她入职后，所在的教学团队一直没有招聘新教师，所以说她是“最年轻”的。她所在的教学团队有很丰富的专业教学和在线教学经验，是国家级教学团队，有自己的教学视频和教学平台，且与高等教育出版社在教材出版方面合作多年。因此，中国大学 MOOC 平台启动建设慕课时，就邀请他们开设慕课。H 老师及其所在教学团队最初认为开设慕课就像出版教材一样，不需要征得学校的同意，期望能借此机会与时俱进，扩大课程、教学团队乃至学校的影响力。

作为“年轻”教师，H 老师最初是接受课程牵头教师分配的任务，尽管在慕课建设和实施过程中并没有获得相应的报酬，但 H 老师认为这对于“年轻”老师来说是难得的成长机会，是展示自己的舞台，自己要珍惜。因此，她在面对慕课这一新的教学形式带来的新问题时，不断探索解决问题的策略。

十一、Z 老师

我和 Z 老师认识很多年了，她一直保持着积极学习的状态，对新技术也保持着较高的敏感度，我深受她的影响。Z 老师是北京一所“985”高校的教师，2003 年留校任教。这一年也是博客引入我国并逐渐兴起的一年。Z 老师是我国较早使用博客进行自学和教学的实践者之一，并在所在学校开设了相关课程。Z 老师认为，“博客虽然是一个小小的软件，但是其以个体为参与主体的内容发布与分享模式，改变了其后互联网应用的整体模式，即互联网应用进入社交社会化的应用阶段”。

Z 老师最开始认为大部分慕课基于传统学校课程的设计思维，没能充分发挥互联网变革学习的突破性潜在优势，但在慕课热潮的影响下修读慕课后，她认识到慕课的内容价值，并向学生推荐慕课，建议学生根据需要学习慕课。2014 年 5 月，受另外一位网络教育研究者的邀请，Z 老师参与了一家互联网教育公司开设的慕课“有效增强网络学习力”的开发和教学实施。在开展慕课教学的过程中，Z 老师感受到慕课学习者的多样性、丰富性，积累了慕课设计和组织网络社区学习活动的经验，并意识到好的内容是吸引学习者的首要因素，内容应该是“实实在在的干货”，内容足够凝练才能吸引学习者，让学习者有所收获。

十二、G 老师

G 老师硕士毕业后在山东一所地方高校工作，工作 7 年后去了上海外国语大学攻读博士学位，方向为外语教学理论与实践。读博士期间，他在英国利物浦大学访学半年，一方面体验利物浦大学相关领域的课程，另一方面获取教材研究的资料，用以充实博士论文内容。博士毕业后，G 老师回校继续从事相关教学工作。

国外访学经历对 G 老师在科研和教学方面的启发都较大。在科研方面，通过修读研究方法类课程，G 老师了解了国外如何开展研究，即选择从较小的角度切入，再拆解成更微小的视角。在教学方面，G 老师的收获则更多，例如英国高校的课堂组织模式与国内有很大差异，为小班制教学，教师采用案例式、启发式等教学法，学生积极参与课上教学活动和课下学习任务。以利物浦大学一门研究方法类课程的教学法为例，任课教师利用网络平台提供学习计划，并提供师生交流的机会。任课教师会在课前给定材料并要求学生结合问题进行思考，课上任课教师会进行点评，或者由小组或个人进行展示。

2014 年博士毕业回校后，G 老师找到一门与自己的课程相关性很强的慕课，并推荐学生每周上课前先去看慕课资源，但学生第一周会看，之后就不再看了。这让他开始思考在课上如何利用慕课开展教学：一是从教师角度如何将慕课与课堂内容整合；二是如何激发学生的学习动力。G 老师供职的普通省属高校的班级容量较大，学生在课堂上的参与度不高，且学生的工具性动机非常强——学生学习主要是为了通过各种考试。

学校近年来每年都有慕课等方面的教学指标。在政策支持方面，学校一是通过立项的方式支持慕课建设，一门慕课提供一万元经费；二是推行完全学分制，修读学校认可的慕课可获得学分，例如，学生通过慕课形式学习公共课程并获得学分，全校学生修读东西部高校课程共享联盟的军事理论课程，学校不开设这类公共课程。

具体到教师个人，如果没有学校支持，考虑到慕课教学需要投入大量时间和精力，教师是不会轻易开设慕课的。G 老师参与慕课设计和教学，是因为这是“领导给的任务”，“要接受，要完成”。G 老师也发现，对很多教师来说，由于建设慕课是学校派发的任务，教师的积极性并不高。

“老师们实际上觉得这门课程完全可以在线下用面授的方式来教，为什么我们一定要用慕课的形式来教。实际上对老师来说，这意味着巨大的工作量，需要投放的时间等额外的东西太多。”

十三、S 老师

我在 S 老师所在高校的一家咖啡馆对其进行了一个小时的访谈。S 老师之前从事物理课程的教学和研究，后来转到教育技术系工作，主要讲授教学设计课程。

在学校的鼓励和支持下，她受专业使命驱动认为有必要参与体验慕课教学，并将其作为研究和研究生培养的载体。S 老师的慕课主要在优课联盟高校内部使用。

十四、U 老师

我在 U 老师所在高校的一家咖啡馆对其进行了一个小时的访谈。U 老师于 1984 年参加工作，有 30 多年的教学经验。U 老师最早近距离接触慕课是在

2013 年 11 月，当时她去温州参加一个计算机方面的会议，在会议上听到了北京大学李晓明教授所做的慕课方面的介绍。U 老师当时觉得这是一件很好的事情，但好像离自己很远。2014 年 5 月，U 老师所在学校领衔成立优课联盟且作为校长工程，这让 U 老师觉得慕课离自己近一些了。

作为一名有着 30 多年教龄的教师，U 老师希望自己能够通过具体的事情将教学和研究结合起来。此外，U 老师供职于教育技术系，认为教育技术专业的教师应主动了解和学习新事物，这样才能将其介绍给学生。在这样的背景下，U 老师开始做慕课。为了将慕课做好，U 老师学了很多门慕课，也去参加了诸多相关的学术会议。其他慕课教师的做法给了 U 老师很多启发，例如学习慕课、坚持拿到学分。

慕课教学为 U 老师的职业生涯打开了一扇窗，U 老师从最初觉得慕课离自己很远，到在制作慕课的过程中忐忑不安，担心能否代表学校水平、与同行的可比性，再到运行一门慕课之后的自信，体会到领先的快乐，并主动申请开设第二门慕课，以及指导学生设计开发提高师生交互水平的见面课微信小程序并在中国大学生计算机设计大赛中获得一等奖。

十五、SZ 老师

SZ 老师于 2008 年博士毕业后入职某师范大学信息工程学院，主要担任计算机科学与技术师范专业的教育类课程主讲教师、课程负责人。其研究方向为技术支持的教师专业发展。一进入高校，SZ 老师就开始使用网络教学平台辅助面授课堂教学，对于高校学生，主要利用 MOODLE 支持常态化教学，并结合学习分析，对高校学生在微信和 MOODLE 平台中的交流、知识建构层次等进行分析。

2015 年起，受美国欣欣教育基金会邀请，SZ 老师开始面向我国偏远农村地区的教师开设信息化教学的专题讲座。在为期一周的面授培训过程中，她强烈感受到只是提供几次专家讲座式的培训，无法为农村教师提供切实的服务。由此，SZ 老师产生了基于慕课为农村教师提供持续的信息化教学培训的想法。

十六、ZT 老师

ZT 老师有一定的研究基础（英语教学法、高等教育）和教学实践基础（多年的教学经验、利用技术开展教学的经验），她也“喜欢一些技术教学的方法，觉得可以在一定程度上提高学生的积极性和能动性”。ZT 老师最初对微课比较感兴趣，曾获得 2015 年外研社“教学之星”大赛一等奖。这之后不久，学校组织慕课建设，ZT 老师开始参与慕课教学。

面对大量有着不同学习需求和知识基础的学习者，ZT 老师降低了章测试和期末考试的难度。

十七、HL 老师

HL 老师本硕博所学专业都是计算机科学，拥有 24 年计算机专业教学经验，现供职于山东省一所地方本科院校。我是在一个混合教学微信群中认识 HL 老师的。

2008 年左右，作为有着近 20 年教龄的教师，HL 老师“不甘心学生处于被动的学习状态”，决定“放弃对学生、学校的抱怨，从自己做起”，“放弃满堂灌”，“引入信息化技术”，后来更建设了 SPOC，“带着学生解决信息时代带来的问题”。她最初尝试让学生用博客交作业，之后通过课堂录屏上网、网络习题课、课上用手机与学生交互等教学方式，激发学生的学习动力、增强学生的实践能力。

在专业课程教学过程中，HL 老师发现大学生普遍存在缺乏学习动机、自主学习能力弱等元认知问题，遂从 2008 年开始写教育类博客文章，后来还借助博客为全国大学生做义务学业指导。2011 年，HL 老师加入学校的“大学生学习指导”课程组，该课程是一门面向全校学生的学业指导类通选课，基于组内一位同事于 2001 年起推动的让大学生“学会学习”的教学工作。

2011 年，HL 老师逐渐感觉专业教学耗费了自己大量精力，导致自己在科研上无法投入更多精力，经过慎重考虑，她重新对自己定位，逐渐将人工智能方面的科研工作停掉，全身心地投入教育教学领域，专门做教与学的科研，并将这些科研工作与教学实践紧密结合。

2014 年，HL 老师接触到了翻转课堂，学习了北京大学汪琼教授的“翻转课堂教学法”慕课，并在 2015 年自建 SPOC，在自己的 4 门课程中开展翻转课堂教学改革。

2015 年年末，学校决定投资做慕课，精选有特色、有基础的通选课进行建设，HL 老师参与的“大学生学习指导”课程被选中。2016 年，该课程通过“东西部高校课程共享联盟”评审，更名为“上大学，不迷茫”。截至 2018 年 10 月，该课程在智慧树网已运营 4 期，来自全国 292 所院校的 7 万余名大学生以学分课的方式选修该课程。

目前，HL 老师仍同时开展面向校内计算机专业学生的翻转课堂教学，以及面向大学生的学习方法类通选课慕课教学。

十八、DG 老师

我是在一个混合教学微信群中认识 DG 老师的。DG 老师于 2000 年开始教学生涯，教过听力、阅读、写作等技能课，其研究方向是语言学，现为外国语言学及应用语言学方向的硕士生导师，已教授本科生“英语语言学概论”课程 10 多年。在教授“英语语言学概论”的过程中，DG 老师发现很多学生对理论部分兴趣不大，对实际语言使用、语言研究案例倒颇觉新鲜，多数学生的思辨能力不强，缺乏批判性思维。此外，学生在这门课上的表现两极分化严重，有的学生特别感兴趣，主动查找相关资料阅读；有的学生上课开小差、玩手机，或者看别的书，考试的时候胡乱作答。

国内外慕课教学的兴起让 DG 老师也想尝试一下，她认为这种碎片化学习方式可能比较适合自己所教课程：花 10~15 分钟讲一个知识点，再配合练习，而且可以随时随地在计算机或者手机上学习，应该比较符合年轻人的学习方式和学习习惯。传统课堂 50 分钟的时间会讲很多内容，有些学生觉得消化不了，而 10 多分钟的内容相对容易理解、消化，因此把任务分解成小的单元可能更利于学生掌握。适逢相关课题申报，DG 老师就做了一门课程进行申报并获批。

十九、WL 老师

我是在一个慕课教学会议上认识 WL 老师的。WL 老师本科毕业后做了 3 年初中老师，后辞职攻读高等教育学硕士学位，毕业后留校任教，3 年后在职攻读职业技术教育学博士学位，继续任教至今，主要教授职业教育师范生“教学法”“微格教学”“职业技术教育学”等教育类课程。2016 年春，学校教务处教研科购买了北京大学汪琼教授的“翻转课堂教学法”慕课，请 WL 老师将其作为教学资源尝试开展线上线下混合教学。WL 老师利用寒假提前学习了该慕课，初步了解了慕课的特点，并意识到在线教学发展势不可当。WL 老师后来还选修了“改进合作学习”慕课，并拿到了优秀证书，切身体会到在线学习的优势，意识到作为中青年教师必须跟上信息化教学的步伐，并萌生了开设慕课的想法。

2016 年，WL 老师就“课堂管理”这一主题进行慕课选题申报。根据已有教学经验，WL 老师认为教师教学技能中的“课堂调控技能”特别受学生欢迎，加之连续几年带师范生在中职学校实习，实习生感觉工作中难度最大的就是课堂管理，而通过查阅国内诸多师范院校的师范生培养计划，发现它们并没有开设“课堂管理”类课程，同时了解到很多教师在职培训很少涉及这一主题，但这又是各级各类教师在教学工作中感到最困惑的问题，遂决定开设这一主题的慕课。

在大致确定选题方向后，一方面，WL 老师将中国大学 MOOC 平台上第一期“教师教学能力提升类 MOOC”共 9 门课程的课程大纲、讨论、作业、资料等全部复制下来，仔细钻研慕课设计思路；同时在学堂在线、腾讯课堂、网易云课堂等网站上观看相关课程，进一步打磨课程设计。

另一方面，WL 老师购买了几十本有关“课堂管理”的书籍，确定课程核心内容，并联合教育学、心理学资深教授，以及一位一直走在信息化教学、移动学习前沿的教师组织教育技术学专业的 8 名本科生，开发微课视频。团队一起讨论了视频开发方式（动画、拍摄、论坛等），并购买了 Focusky 等微课软件，从零开始自学，定期、不定期地交流、学习和探讨。

二十、HY 老师

我和 HY 老师虽未谋面，但一直在多个群里一起讨论有关在线教育和慕课教学的话题。HY 老师从 2002 年起就职于中央广播电视大学（国家开放大学前身），之前曾在北京第二外国语大学学习和工作。HY 老师在在线教育方面有着丰富的理论和实践经验。2017 年，为了验证在线课程模式的可推广性和可复制性，以及促进优质课程共享，在国家开放大学的支持下，HY 老师及其团队对“媒体辅助英语教学”进行改造，并在中国大学 MOOC 平台上运行课程。

在邮件访谈的基础上，HY 老师热情地给我提供了很多有关其慕课的资料，包括课程总结、学生反馈，乃至他的讲座 PPT。我能感受到他对慕课等在线教育的热情。

附录二　编码示例

资料文本	开放编码（初步概念化）	开放编码（概念化）	主轴编码
研究者：您的意思是在线活动设计还是要利用很多课堂活动，看课堂上比较有效的活动是不是在线上同样有效。 **C老师**：对。后来我们就觉得这样的话等于用不用慕课都一样。所以我们后来又想能不能把他们（慕课学习者）推进社会。课堂上我肯定不可能让他们去做社会观察，但是在FutureLearn中就无所谓了，因为他们可以先去做了（观察）再回来上（课）。所以，我们设计了一些社会观察，给出了一些指导建议，（慕课学习者）回来以后分享。这个反响还可以，这个的效果比课堂上要好，因为我们在课堂上布置了作业，如果下一周就要求交，学生有时会觉得时间紧张或没有机会做。这个不是硬性的（要求），这个课有15000多人参与只要有300个人做了，我们获得的资源就很丰富了。所以我们当时感觉这种在线活动要好一些。（访谈资料I-C-20160726）	CL1 只沿用课堂教学法，无法体现慕课特色 CL2 探索发挥慕课优势的教学法 CL3 慕课开放共享性 CL4 慕课学习灵活性 CL5 有指导的社会观察 CL6 分享观察结果 CL7 反响较好 CL8 非硬性规定 CL9 学习者规模化 CL10 生成资源丰富性	**（1）问题情境** CL7 只沿用课堂教学法，无法体现慕课特色 **（2）行动中反思** CL8 探索发挥慕课优势的教学法 **（3）生成TK** CL9 慕课开放共享性、CL10 慕课学习灵活性 **（4）生成新的学习活动** CL11 有指导的社会观察、CL12 分享观察结果、CL14 非硬性规定 **（5）KoS** CL15 学习者规模化 **（6）资源丰富性** CL16 生成资源丰富性、CL24 观察地点和空间丰富性	**（1）问题情境** 如何体现慕课特色 **（2）整合知识** CK、生成TK、KoS **（3）TPACK发展路径** 行动中反思 **（4）生成TPACK** 生成新的学习活动 **（5）验证效果** 资源丰富性

续表

资料文本	开放编码（初步概念化）	开放编码（概念化）	主轴编码
第四周的作业要求学习者观察空间使用的文化差异，并运用所学概念进行讨论。从在线评论中可以看到，观察地点包括咖啡馆、火车站、宾馆、沙滩、体育场所、学校、医院等，文化环境涉及亚洲、非洲、欧洲、美洲等地。**（实物资料 D-C-P-1：C 老师公开发表的论文《从传统课程到慕课的重塑——以“跨文化交际”课程为例》）**	CL23 空间使用的文化差异 CL9 慕课开放共享性 CL24 观察地点和空间丰富性	CK CL23 空间使用的文化差异	

附录三 “高校教师慕课教学经历”访谈提纲

核心问题一：您是如何参与到慕课教学中的？

1. 能否简要介绍一下您的教学和研究经历？

2. 您当初是出于什么想法才决定参与慕课教学的？能否谈谈当时的情况？

核心问题二：您是如何设计、开发和实施慕课教学的？

1. 您是怎么设计和开发慕课的？

2. 设计和开发好慕课后，您是如何实施慕课教学的？中间发生了哪些让您印象深刻的事情？

3. 您主持或参与的慕课目前进展如何？

4. 慕课教学与您之前的教学有什么不一样？

核心问题三：您觉得您的慕课教学成效如何？

1. 修读您的慕课的学习者主要涉及哪些群体？

2. 面对大量不同有学习需求和知识基础的学习者，您是如何应对的？

3. 您认为在校学生通过学习您的慕课有什么收获？他们面临哪些挑战？他们有哪些方面的改变？他们是如何改变的？您能举一个例子吗？

4. 您认为在职人士通过学习您的慕课有什么收获？他们又面临哪些挑战？他们有哪些方面的改变？他们是如何改变的？您能举一个例子吗？

核心问题四：慕课教学对您的教学和研究工作有什么影响？

1. 参与慕课教学对您的教学工作有什么影响？中间发生了哪些让您印象深刻的事情？

2. 参与慕课教学对您的研究工作有什么影响？中间发生了哪些让您印象深刻的事情？

核心问题五：您在开展慕课教学的过程中面临哪些挑战？

1. 您在开展慕课教学的过程中面临哪些挑战？您是如何应对的？

2. 在开展慕课教学的过程中，您希望得到哪些支持？

3. 您还会继续开设慕课吗？为什么？

4. 您认为慕课教学能够实现可持续发展吗？

核心问题六：关于慕课，还发生了哪些让您印象深刻的事情？

THINK